Gutachten A
zum 68. Deutschen Juristentag
Berlin 2010

Verhandlungen des 68. Deutschen Juristentages

Berlin 2010

Herausgegeben von der

Ständigen Deputation

des Deutschen Juristentages

Band I

Gutachten

Teil A

Ist unser Erbrecht noch zeitgemäß?

Gutachten A

zum 68. Deutschen Juristentag

Erstattet von

Prof. Dr. Anne Röthel

Lehrstuhl für Bürgerliches Recht, Europäisches und Internationales Privatrecht an der Bucerius Law School, Hamburg

Verlag C. H. Beck München 2010

Verlag C. H. Beck im Internet:
beck.de

ISBN 978 3 406 60183 5

Wilhelmstraße 9, 80801 München
Druck: Druckerei C. H. Beck Nördlingen
(Adresse wie Verlag)

Gedruckt auf säurefreiem, alterungsbeständigem Papier
(hergestellt aus chlorfrei gebleichtem Zellstoff)

Inhaltsverzeichnis

A. Gegenstand und Gang der Untersuchung*

I. Zustand des Rechtsgebiets

Während das Schuldrecht und das Familienrecht im Verlauf des 20. Jahrhunderts tief greifende Veränderungen erfahren haben, hat der Normenbestand des fünften Buchs mit wenigen Ausnahmen[1] noch die ursprüngliche Gestalt, die ihm die Redaktoren gegeben haben. Universalsukzession, Erbenstellung, gesetzliche Erbfolge, Pflichtteilsrecht, Testierformen und Testierinhalte lassen sich in fast unveränderter Form im BGB nachlesen. Die feinsinnige Weiterführung römisch-rechtlicher Institutionen und ihre Vermengung mit deutschrechtlichem Gedankengut hat das vergangene Jahrhundert auch dort überdauert, wo die Entscheidung des historischen Gesetz-

* Abgekürzt werden zitiert: *Brox/Walker*, Erbrecht, 23. Aufl. (2009); *Erman*, 12. Aufl. (2008); *Frank*, Erbrecht, 4. Aufl. (2007); *Harder/Kroppenberg*, Grundzüge des Erbrechts, 5. Aufl. (2002); *Kipp/Coing*, Erbrecht, 14. Aufl. (1990); *Lange/Kuchinke*, Erbrecht, 5. Aufl. (2001); *Leipold*, Erbrecht, 18. Aufl. (2010); MünchKommBGB, Bd. 9 (§§ 1922–2385), 5. Aufl. (2010); *Muscheler*, Universalsukzession und Vonselbsterwerb (2002); *Olzen*, Erbrecht, 3. Aufl. (2008); *Rauscher*, Reformfragen des gesetzlichen Erb- und Pflichtteilsrechts, Bde. I, II/1, II/2 (1993); *Reimann/Bengel/J. Mayer* (Hrsg.), Testament und Erbvertrag, 5. Aufl. (2006); *Schlüter*, Erbrecht, 16. Aufl. (2007); *Soergel*, Erbrecht Bde. 1–3, 13. Aufl. (2002/2003); *Staudinger*, §§ 1922–1966 (2008), §§ 1967–2063 (2002), §§ 2064–2196 (2003), §§ 2197–2264 (2002), §§ 2265–2338 (2006), §§ 2339–2385 (2004); *Windel*, Über die Modi der Nachfolge in das Vermögen einer natürlichen Person beim Todesfall (1998).

[1] Reformiert wurden die Testierformen (Gesetz über die Errichtung von Testamenten und Erbverträgen [TestG] vom 31. 7. 1938, RGBl. I 973; Gesetz zur Wiederherstellung der Gesetzeseinheit auf dem Gebiete des bürgerlichen Rechts [GesEinhG] vom 5. 3. 1953, BGBl. I 33), das gesetzliche Erbrecht des Ehegatten (Gleichberechtigungsgesetz [GleichberG] vom 18. 6. 1957, BGBl. I 609; Erstes Gesetz zur Reform des Ehe- und Familienrechts [1. EheRG] vom 14. 6. 1976, BGBl. I 1421; Gesetz zur Neuordnung des Eheschließungsrechts [EheschlRG] vom 4. 5. 1998, BGBl. I 833) und nichtehelicher Kinder (Gesetz über die Stellung der nichtehelichen Kinder [NEhelG] vom 19. 8. 1969, BGBl. I 1243; Gesetz zur erbrechtlichen Gleichstellung nichtehelicher Kinder [ErbGleichG] vom 16. 12. 1997, BGBl. I 2968), die erbrechtliche Stellung adoptierter Kinder (Gesetz über die Annahme als Kind und zur Änderung anderer Vorschriften [AdoptionsG] vom 2. 7. 1976, BGBl. I 1749) und eingetragener Lebenspartner (Gesetz über die Eingetragene Lebenspartnerschaft [LPartG] vom 16. 2. 2001, BGBl. I 266), die Testierfähigkeit (Gesetz zur Reform des Rechts der Vormundschaft und Pflegschaft für Volljährige [BtG] vom 12. 9. 1990, BGBl. I 2002) und zuletzt Einzelfragen der Ausgleichung und des Pflichtteilsrechts (Gesetz zur Änderung des Erb- und Verjährungsrechts vom 24. 9. 2009, BGBl. I 3142).

gebers nur als ordnende Bestandsaufnahme gedacht war.[2] Gleichwohl wird das Erbrecht des BGB bis heute als gelungene Kodifikation eingeschätzt und von großen Reformen eher abgeraten.[3] Auch der Juristentag hat sich seit Inkrafttreten des BGB nur punktuell und im Ergebnis weitgehend folgenlos mit dem Erbrecht befasst.[4] Schon diese Einsicht verlangt Sorgfalt und Augenmaß.

Ein Urteil über die Zeitgemäßheit der erbrechtlichen Institutionen und Instrumente lässt sich ohne Verständigung über den Beurteilungsmaßstab nicht sinnvoll begründen. So wenig das Alter der Erbrechtskodifikation einziger Anlass für sinnvolle Reformarbeit sein kann, so wenig sprechen die ökonomischen, sozialen und biographischen Umwälzungen des vergangenen Jahrhunderts für sich. Die Kenntnis der Grundlagen des Erbrechts, also Einsichten zum typischen Erbfall und zu empirischen Veränderungstrends, ist nicht hinreichend. Es bedarf vielmehr einer Vergewisserung über die heute in der verfassten Rechtsordnung und in der Gesellschaft lebendigen Haltungen und Ideen. Dabei kommt dem Verfassungsrecht und insbesondere den Grundrechten als Vorstrukturierung der im Erbrecht wirkenden widerstreitenden Freiheits- und Schutzansprüche zentrale Bedeutung zu. Unterhalb des Verfassungsrechts vermittelt der Blick auf die europäische Rechtsentwicklung sowie auf die sozialwissenschaftlichen Einsichten zu den Wirkungen und Bedeutungen von Erben und Vererben Anhaltspunkte für die das Erbrecht heute umgebenden Haltungen und Ideen.

---

[2] Etwa beim gemeinschaftlichen Testament, dazu noch unten E. III. 1.

[3] So *Staudinger/Otte*, vor § 1922 Rn. 140; mit ähnlicher Tendenz MünchKomm-BGB/*Leipold*, vor § 1922 Rn. 56; *Hattenhauer*, Grundbegriffe des Bürgerlichen Rechts, 2. Aufl. (2000), S. 225.

[4] Auf dem 49. DJT 1972 zum Thema „Empfiehlt es sich, das gesetzliche Erb- und Pflichtteilsrecht neu zu regeln?" und auf dem 64. DJT 2002 zum Thema „Empfiehlt es sich, die rechtliche Ordnung finanzieller Solidarität zwischen Verwandten in den Bereichen des Unterhaltsrechts, des Pflichtteilsrechts, des Sozialhilferechts und des Sozialversicherungsrechts neu zu gestalten?". – Nicht durchsetzen konnte sich auch der 14. DJT 1878 zur Frage des Pflichtteilsrechts („Ob und inwieweit soll die Testierfreiheit mit Rücksicht auf eine Pflichttheilsberechtigung eingeschränkt werden?"). Siehe im Übrigen die Verhandlungen des 13. DJT 1876 zur Frage „Soll in dem gemeinsamen bürgerlichen Gesetzbuch für Deutschland bestimmt werden, dass der Erbschaftserwerb ipso iure eintrete?", des 19. DJT 1888 zur Frage „Soll die Wirkung aller Legate, unter Aufhebung des legatum vindicationis, nur eine obligatorische sein?", des 20. DJT 1889 zur Frage „Verdient die im Entwurfe des bürgerlichen Gesetzbuches vorgeschlagene Abschaffung der wechselseitigen Testamente Zustimmung?" sowie des 21. DJT 1891 zur Frage „Ist die vom Entwurf des bürgerlichen Gesetzbuches angenommene Stellung des Testamentsvollstreckers zu billigen und wie ist sie nötigenfalls anders zu regeln?".

II. Zentrale Herausforderungen

Die dabei hervortretenden Einzeleinsichten lassen sich auf ein gemeinsames Thema zurückführen, das die zentralen Herausforderungen an die Zeitgemäßheit unserer erbrechtlichen Instrumente und Institutionen beherbergt: das Verständnis von *Autonomie.* Verfassungsrecht, Rechtsvergleichung und Sozialwissenschaften präsentieren heute ein detailreiches Portrait der Voraussetzungen privatautonomen Handelns und deren durch gegenläufige Autonomie- und Schutzansprüche gezogenen immanenten Grenzen. Die grundrechtliche Strukturierung der Zusammenhänge von Freiheit, Verantwortung und Macht sowie die Veränderungen des Erbgeschehens und der Erberfahrung berühren die Ausgestaltung von erbrechtlichem Erwerb, gesetzlicher Erbfolge und vor allem der erbrechtlichen Autonomie selbst: Genügen die Regeln der Testierformen, der Testierfähigkeit und der Ausschlagungsbefugnis, um hinreichend bedachte und verantwortete Entscheidungen von Erblasser und Erbe zu garantieren? Sind unbedachter Selbstbindung und übermäßiger Fremdbeherrschung weitergehende Grenzen zu ziehen? Wo liegen die Grenzen erbrechtlicher Parteiautonomie?

III. Zukunftsaufgaben

Die nachfolgende Darstellung ist nicht auf Vollständigkeit angelegt, sondern beruht auf einer Auswahl von Aspekten, deren Überprüfung sich angesichts der ermittelten Veränderungen in der rechtlichen und sozialen Umgebung des Erbrechts (unten B.) besonders empfahl: Einzelaspekte der Universalsukzession (unten C.) und der gesetzlichen Erbfolge (unten D.) sowie Fragen der Testierformen (unten E.), des erbrechtlichen Machtschutzes (unten F.) und schließlich des internationalen Erbrechts (unten G.).

Aus Platzgründen mussten zahlreiche sowohl dogmatisch hervorstechende als auch praktisch wichtige Fragen ausgeklammert werden. Dies betrifft insbesondere die steuerrechtlichen und verfahrensrechtlichen Seiten des Erbrechts. Beide Fragenkreise wären eigene Gutachten wert. Die Abstimmungen des Erbrechts mit dem Gesellschaftsrecht konnten hier nur angedeutet werden und bedürfen weiterer Einbettung am richtigen Ort. Gleiches gilt rund um das Schenken, Stiften und Vererben. Das Recht der unentgeltlichen Zuwendungen dürfte eine der Zukunftsaufgaben nationaler Privatrechte bergen. Auch die Begutachtung von Erbengemeinschaft, Vermächtnis und Auflage muss ggf. einer künftigen Befassung des Juristentags vorbehalten bleiben. Ebenfalls in seiner Grundanlage ausgespart blieb hier das Pflichtteilsrecht; insoweit sei insbesondere auf die Erörterungen auf dem 64. Juristentag im Jahr 2002 verwiesen.[5]

Inzwischen ist das Erbrecht auch vom europäischen Gesetzgeber entdeckt worden. Der im Oktober 2009 veröffentlichte Entwurf einer Erbrechtsverordnung[6] betrifft zwar auf den ersten Blick „nur" das Kollisions- und Verfahrensrecht, enthält aber auch Vorschläge für einen europäischen Erbschein und ein europäisches Vollstreckerzeugnis. Langfristig erscheint eine weiter ausgreifende gemeinschaftliche Rechtsetzungstätigkeit auch im materiellen Erbrecht nicht mehr unwahrscheinlich. Diesen Prozess zu steuern und zu gestalten wird die herausforderndste und bedeutsamste Zukunftsaufgabe sein – im Erbrecht wie in anderen Bereichen des Privatrechts. Das Gewicht der deutschen Stimme wird auch von der Überzeugungskraft unserer Regelungskonzepte abhängen. Die Sorge um die Zeitgemäßheit unserer erbrechtlichen Institutionen und Instrumente bleibt also eine Daueraufgabe.

---

[5] *Martiny*, 64. DJT 2002, A 61 ff.; zuvor bereits *Coing*, 49. DJT 1972, A 1 ff.; im Übrigen *Röthel* (Hrsg.), Reformfragen des Pflichtteilsrechts (2007).

[6] Vorschlag für eine Verordnung über die Zuständigkeit, das anzuwendende Recht, die Anerkennung und die Vollstreckung von Entscheidungen und öffentlichen Urkunden in Erbsachen sowie zur Einführung eines Europäischen Nachlasszeugnisses vom 14. 10. 2009, KOM (2009) 154 endg.; zuvor Grünbuch zum Erb- und Testamentsrecht vom 1. 3. 2005, KOM (2005) 65 endg. Zu Einzelaspekten der Erbrechts-VO noch unten G.

B. Grundlagen und Rahmenbedingungen

I. Veränderungen des Erbgeschehens

1. Relativierungen

In erbrechtlichen Reformdiskursen wird Veränderungen im tatsächlichen Erbgeschehen seit Längerem hohe Aussagekraft beigemessen. Es bestehen eingefahrene argumentative Verknüpfungen zwischen Veränderungen in der Realität und Forderungen nach verändertem Recht. Vielfach werden das gestiegene Erbvolumen sowie veränderte Lebensgewohnheiten herausgehoben.[7] Sicherlich kann eine empirische Aufarbeitung des Erbgeschehens hilfreiche Vorklärungen leisten und wird in einzelnen Fragen auch unerlässlich sein.[8] Doch kommt der empirischen Aufarbeitung des Erbgeschehens kein argumentativer Selbststand zu. Stets bedarf es einer sorgfältigen Vergewisserung, wie sicher und nachhaltig die beobachteten Veränderungen sind und ob sie überhaupt einen Umstand betreffen, der als bedeutsam für die Gestaltung des Rechts anzusehen ist.[9]

Geboten ist eine differenzierende Betrachtung. So mögen Prognosen zum *Erbvolumen*[10] einen Eindruck vom ökonomischen Gewicht des Erbgeschehens vermitteln. Für die Regelungsaufgabe des Erbrechts, den Vermögensübergang einer Person nach ihrem Tod zu or-

---

[7] Siehe nur *Frank*, Rn. 1; *Olzen*, Rn. 2ff.

[8] Das Erbgeschehen wird derzeit weder spezifisch noch kontinuierlich vom Statistischen Bundesamt ausgewiesen. Unregelmäßig wird aber das Aufkommen der Erbschaft- und Schenkungsteuer erhoben, in der Vergangenheit für die Jahre 1973–1978 und dann seit dem Jahr 2002 alle fünf Jahre; zum Jahr 2007 siehe Statistisches Bundesamt (Hrsg.), Statistisches Jahrbuch 2009, 23.12.1. Näherungsweise muss auf die Ergebnisse des Alterssurvey (1996/2002) sowie die Haushaltsdaten des sozio-ökonomischen Panels (SOEP) zurückgegriffen werden. Zum aktuellen Erbgeschehen etwa *Kohli/Schupp*, Zusammenhänge und Wechselwirkungen zwischen Erbschaften und Vermögensverteilung. Gutachten für das Bundesministerium für Gesundheit und Soziale Sicherheit (BMGS) (2005), insbesondere S. 42ff.; *Nave-Herz*, Erbengeneration in Zahlen, in: Röthel (Fn. 5), S. 23ff.; *Braun/Burger/Miegel/Pfeiffer/Schulte*, Erben in Deutschland. Volumen, Psychologie und gesamtwirtschaftliche Auswirkungen, hrsgg. vom Deutschen Institut für Altersvorsorge, (2002), S. 11ff.

[9] Wie hier *Otte*, AcP 202 (2002), 317 (336).

[10] Etwa nach *Braun* u.a. (Fn. 8), S. 11ff. derzeit jährlich 145 Mrd. €. Bis zum Jahr 2010 wird ein Anstieg des Erbvolumens auf jährlich 200 Mrd. € prognostiziert.

ganisieren, folgt daraus nichts Eindeutiges: Das Erbrecht muss kleine und große Nachlässe gleichermaßen sachgerecht regeln, und es muss auch dann noch oder wieder zeitgemäß sein, wenn sich das zu vererbende Vermögen in Zukunft womöglich abermals verringert.[11] Ordnungspolitisch bedeutungsvoll sind aber Einsichten zu den Veränderungstendenzen der soziodemographischen Verteilung der Erbchancen.[12] Gleiches gilt für Einsichten über Veränderungen des typischen Erbgeschehens: Das typische, praktisch häufigste Erbgeschehen ist der bedeutsamste Gradmesser für die Beurteilung der Praktikabilität des geltenden Rechts.[13]

Ähnlich vorsichtig und differenziert ist mit Einschätzungen der *Testierhäufigkeit* und des *Testierverhaltens*[14] umzugehen. Die viel-

---

[11] Mit der steigenden Lebenserwartung und den mit ihr steigenden Kosten für Gesundheit, Pflege und Versorgung wird mittelfristig eine Dämpfung des Erbvolumens prognostiziert; näher *Braun* et al (Fn. 8), S. 7ff.

[12] Seit Längerem wird darauf hingewiesen, dass die Erbchancen soziodemographisch unterschiedlich verteilt sind: Je höher das Einkommen eines Haushalts, desto höher die Wahrscheinlichkeit zu erben und die vererbte Summe. In den letzten 20 Jahren sind sowohl die Vermögensungleichheit als auch die Erbschafts-Vermögens-Relation, also der Anteil, den eine Erbschaft am vorhandenen Vermögen hat, markant gestiegen: Schätzungen für das Jahr 1988 von einem durchschnittlichen Anteil von 34% wurden für das Jahr 2002 auf etwa 79% korrigiert; näher *Beckert*, Unverdientes Vermögen (2004), S. 26ff.; *Kohli/Schupp* (Fn. 8), S. 42ff.; *Nave-Herz* (Fn. 8), S. 23 (26ff.); *Reil-Held*, Die Rolle intergenerationaler Transfers in Einkommen und Vermögen älterer Menschen in Deutschland (1999), S. 92ff. Nur bei Zugrundelegung eines relativen Ungleichheitskonzepts (Bedeutung der Erbschaft relativ zum Ausgangsvermögen) erweisen sich Erbschaften eher als nivellierend; *Kohli/Schupp* a.a.O., S. 130f.; näher unten, B. III. 1.

[13] *Braun* et al (Fn. 8) schätzen, dass annähernd jeder zweite der 40- bis 85-Jährigen Bundesbürger bereits geerbt hat oder mit einer Erbschaft rechnen kann. Dabei erben mehr als 70% der Erben von den eigenen Eltern, und zwar am wahrscheinlichsten in der Altersgruppe der 40- bis 54-Jährigen (43%). Die durchschnittliche Erbsumme wird auf annähernd 100000 € geschätzt (S. 29), wobei allerdings von einer vergleichsweise großen Streuung der Erbsumme auszugehen ist. Nach *Kohli/Schupp* (Fn. 8), S. 60 erben nur 7% mehr als 255000 €. Die Hälfte der Erben erhalten Grundbesitz (*Kohli/Schupp*, a.a.O., S. 63), lediglich 1–2% erhalten Betriebsvermögen, das wiederum durchschnittlich 488000 € wert ist. *Schüssler*, Immobilienerbschaften, in: Lettke (Hrsg.), Erben und Vererben (2003), S. 115ff. hat basierend auf Daten für das Jahr 1998 ermittelt, dass in den alten Bundesländern 17,2% und in den neuen Bundesländern 24,8% des Immobilienvermögens durch Erbschaft erworben wurden.

[14] Erhebungen des Statistischen Bundesamts bestehen nicht. Es muss daher auf private und zwangsläufig weniger repräsentative Untersuchungen zurückgegriffen werden, etwa *Leipold*, AcP 180 (1980), 160 (193ff.); *Schulte*, Art und Inhalt eröffneter Verfügungen von Todes wegen (1982); *Rotering*, Rechtstatsächliche Untersuchung zum Inhalt eröffneter Verfügungen von Todes wegen (1986); *Guericke*, Rechtstatsächliche Untersuchung über das Verfügungsverhalten und die Auswirkungen auf das Ehegattenerbrecht des BGB (1994); *Vollmer*, Verfügungsverhalten von Erblassern und dessen Auswirkungen auf das Ehegattenerbrecht und das Pflichtteilsrecht (2001); *Kiertscher*, Empirische Untersuchung zum Verfügungsverhalten von Erblassern (Diss. Marburg 2009, im Erscheinen) sowie die Studien von infratest (2007), der Deut-

fach mit 20–25% angegebene Testierquote[15] stellt weder die geltende Ausgestaltung der Testierfreiheit in Frage, noch kann sie der einzige Indikator für die Zeitgemäßheit der gesetzlichen Erbfolge sein. Auch die viel beschriebenen veränderten *Lebensgewohnheiten* und *Lebensformen*[16] sprechen nicht für sich. Die Scheidungsquote sagt wenig über die Zeitgemäßheit des gesetzlichen Erbrechts des Ehegatten aus, solange nicht auch Einsichten über die rechtlichen Erwartungen und das solidarische Selbstverständnis der nicht geschiedenen Ehe einbezogen werden.[17] Ähnliches gilt für nichteheliche Lebensformen: Erbrechtlich bedeutsam ist weniger ihre zunehmende Anzahl, sondern Art und Inhalt der lebzeitigen Pflichtenbindungen und des solidarischen Selbstverständnisses.[18]

2. *Herausforderungen*

Bislang wurden zwei Aspekte noch nicht näher in ihrer Bedeutung für das Erbrecht ausgelotet, die unsere Gesellschaft tiefgreifender verändern dürften als die Veränderungen des Erbvolumens oder die Zunahme nichtehelicher Lebensformen: die Alterung der Bevölkerung (unten a) und die gesellschaftlichen Veränderungen infolge Integration und Migration (unten b).

---

schen Vereinigung für Erbrecht und Vermögensnachfolge (2006) und Allensbach (2006).

[15] Infratest ermittelte im Jahr 2007 eine Testierquote von 25%, Allensbach im Jahr 2006 eine Testierquote von etwa 27%, jeweils gemessen an der Gesamtbevölkerung. Zu ähnlichen Ergebnissen gelangte die Studie der Deutschen Vereinigung für Erbrecht und Vermögensnachfolge: Sie ermittelte für das Jahr 2006 eine Testierquote von 23%, davon 18% Testamente und 5% Erbverträge. Im Vergleich zu der von *Leipold*, AcP 180 (1980), 160 (193ff.) ermittelten Quote von etwa 31% für die Jahre 1974/1975 wäre dies ein weiterer Rückgang. Ein ähnliches Ergebnis hatte bereits eine frühere Befragung im Auftrag des Bundestages vor der Erbrechtsreform 1969/1970 ergeben, wonach 20% der Befragten erklärten, bereits eine Verfügung von Todes wegen errichtet zu haben, und 21% erklärten, eine solche errichten zu wollen, siehe *Stöcker*, FamRZ 1971, 609 (610).

[16] Dazu zählen insbesondere rückläufige Geburten- und steigende Scheidungsraten, ein Anstieg von Eheschließungen unter Beteiligung von bereits Geschiedenen (Mehrfachehen) sowie die weiter steigende Zahl von nichtehelichen Lebensgemeinschaften und anderen nicht-formalisierten familialen Lebensformen; eingehend bereits *Dethloff*, 67. DJT 2008, A 12ff. sowie mit Blick auf das Erbrecht *Leipold*, AcP 1980 (1980), 160 (177ff.).

[17] Zu Einzelaspekten unten, D. I.

[18] Zu Einzelaspekten unten, D. II. 2. c bb.

a) Alternde Gesellschaft

Die Alterung der Gesellschaft[19] berührt in naheliegender Weise auch die Zeitgemäßheit des Erbrechts. Mit der gestiegenen Lebenserwartung[20] hat sich nicht nur der Erbzeitpunkt nach hinten verlagert. Bedeutsamer sind die Auswirkungen der Alterung auf die solidarischen Beziehungen und auf die Fähigkeit des Erblassers zur Wahrnehmung von Autonomie. Die Bewältigung altersbedingter Pflegebedürftigkeit ist zu einer gewichtigen Prüfung für die solidarische Verantwortung in Familie und Partnerschaft geworden.[21] Derzeit werden die damit verbundenen Lasten zu großen Teilen im familiären Umfeld aufgefangen.[22] Die Nähe der altersbedingten Pflege zum Erbfall spricht dafür, die Honorierung von Pflegeleistungen auch als eine Aufgabe des Erbrechts zu begreifen.[23]

Die steigende Lebenserwartung wirkt sich auch auf das Testierverhalten aus. Es wird später testiert, und es wird im Alter häufiger testiert. Im Rahmen einer Umfrage erklärten 58% der über 60-Jährigen, bereits ein Testament errichtet zu haben.[24] Dies relativiert die gemessen an der Gesamtbevölkerung nach wie vor niedrige Testierquote.[25] Insbesondere ist von einem wachsenden Anteil betagter und

---

[19] Es wird u. a. geschätzt, dass der Anteil der Bevölkerung, die 80 Jahre und älter ist, von derzeit 5% bis zum Jahr 2060 auf 14% steigen wird; näher Statistisches Bundesamt (Hrsg.), Bevölkerung Deutschlands bis 2060. Ergebnisse der 12. koordinierten Bevölkerungsvorausberechnung (2009), 3.2.

[20] Bezieht man sich auf die Lebenserwartung Neugeborener, ergibt sich eine gegenüber dem Jahr 1900 fast verdoppelte Lebenserwartung. Nach der vereinfachten Sterbetafel des Statistischen Bundesamtes (Statistisches Jahrbuch 2009), 2.26 betrug die durchschnittliche Lebenserwartung der in den Jahren 1901–1910 geborenen männlichen Säuglinge 44,82 Jahre gegenüber 76,89 Jahren der in den Jahren 2005–2007 geborenen männlichen Säuglinge. Ähnliche Zahlen ergeben sich für weibliche Säuglinge: 48,33 Jahre gegenüber 82,25 Jahre. – Die Zahlen relativieren sich allerdings, wenn man wegen der um 1900 erheblich höheren Säuglings- und Kindersterblichkeit auf die Lebenserwartung der 25-Jährigen abstellt. *Otte*, AcP 202 (2002), 317 (337f.) hat insoweit aber immer noch eine um 15 bzw. 19,5 Jahre gestiegene Lebenserwartung nachgewiesen.

[21] Von den über 80-Jährigen waren im Jahr 2005 etwa 30% pflegebedürftig. Es wird geschätzt, dass diese Bevölkerungsgruppe bis zum Jahr 2020 um 58% zunimmt; eingehend Statistische Ämter des Bundes und der Länder (Hrsg.), Demografischer Wandel in Deutschland. Auswirkungen auf Krankenhausbehandlungen und Pflegebedürftige (2008), 1.

[22] Im Jahr 2005 wurden von 2,13 Mio. pflegebedürftigen Personen 68% zu Hause versorgt, davon 980 000 ausschließlich durch Angehörige; siehe Statistische Ämter des Bundes und der Länder (Hrsg.), Demografischer Wandel in Deutschland (Fn. 21), 3.1.

[23] Siehe unten, D. II. 2. c bb.

[24] Allensbacher Berichte 2006 Nr. 16, Das eigene Testament, einzusehen unter www.ifd-allensbach.de.

[25] Dazu oben, B. I. 1 (Fn. 15).

hochbetagter Testatoren auszugehen: Mehr als die Hälfte aller Erblasser verfügt erstmals oder nochmals im siebten oder achten Jahrzehnt; gut ein Fünftel der Erblasser setzt sich erstmals nach Vollendung des 80. Lebensjahrs mit der Nachlasswidmung auseinander.[26] Eine steigende Zahl von Testierungen fällt damit in eine Lebensphase, bei der mit altersbedingten Einbußen an Einsichts- und Handlungsfähigkeit zu rechnen ist. Es wird geschätzt, dass die Zahl der Demenzkranken von etwa 1 Mio. im Jahr 2000 auf 2,6 Mio. bis zum Jahr 2050 ansteigen wird und dass jeder dritte Bundesbürger, der ein Lebensalter von 65 Jahren erreicht, im weiteren Lebensverlauf an Demenz erkranken wird.[27] Diese Entwicklung spiegelt sich bereits in der kontinuierlichen Zunahme von Betreuungen wider. Die Zahl der Verfahren zur Bestellung einer Erstbetreuung hat sich seit dem Jahr 1992 mehr als verdreifacht.[28] Damit stellen sich qualitativ und quantitativ neue Anforderungen an die rechtlichen Regeln zur Identifizierung von Testierunfähigkeit[29] und zum Schutz vor unangemessener Einflussnahme auf den Erblasser.[30]

b) Sich öffnende Gesellschaft

Für das Erbrecht von ähnlicher Bedeutung sind die tiefgreifenden Veränderungen unserer Gesellschaft infolge Integration und Migration, also der zunehmende Anteil von Ausländern an der deutschen Wohnbevölkerung. Inzwischen leben in Deutschland etwa 6,7 Mio. Ausländer, davon 2,3 Mio. Unionsbürger.[31] Gemessen an den Verhältnissen bei Inkrafttreten des BGB hat sich der Ausländeranteil von 13,8 im Jahr 1900 auf inzwischen 88,3 je 1000 Einwohner er-

---

[26] *Kiertscher* (Fn. 14), B. II. 3 d; ähnliche Befunde bei *Guericke* (Fn. 14), S. 43; *Rotering* (Fn. 14), S. 36; *Schulte* (Fn. 14), S. 64 f.

[27] Gesundheitsberichterstattung des Bundes, Heft 28: Altersdemenz (2005), S. 11 ff.; *Bickel*, Demenzen im höheren Lebensalter: Schätzungen des Vorkommens und der Versorgungskosten, Zeitschrift für Gerontologie und Geriatrie 34 (2001), 108 ff.; *ders.*, Demenzsyndrom und Alzheimer Krankheit. Eine Schätzung des Krankenbestandes, Das Gesundheitswesen 62 (2000), 211 ff.

[28] Bundesamt für Justiz, Verfahren nach dem Betreuungsgesetz, Stand 12. 8. 2009: Die Zahl der Erstbestellungen ist von 75 170 im Jahr 1992 auf 237 955 im Jahr 2008 gestiegen.

[29] Siehe unten, F. I. 2. b.

[30] Siehe unten, F. II.

[31] Statistisches Bundesamt (Hrsg.), Bevölkerung und Erwerbstätigkeit: ausländische Bevölkerung. Fachserie 1, Reihe 2 (2009), Tabelle 2 (S. 25) sowie Tabelle 6 (S. 47 ff.), jeweils Stand 31. 12. 2008. Nach wie vor ist die Gruppe der türkischen Staatsangehörigen mit Abstand die größte Gruppe der ausländischen Staatsangehörigen in Deutschland (etwa 1,7 Mio.), gefolgt von der Gruppe der italienischen Staatsangehörigen (523 000).

höht.[32] Geht man davon aus, dass etwa 550000 der in Deutschland lebenden Ausländer derzeit älter als 65 Jahre sind,[33] ist mit einer erheblichen Zahl von Erbfällen unter Beteiligung ausländischer Erblasser zu rechnen. Für die Europäische Union wird der Anteil von Erbfällen mit Auslandsbezug inzwischen auf etwa 10% geschätzt.[34] Infolge der kontinuierlichen Erweiterung und Vertiefung der europäischen Integration in den letzten Jahrzehnten ist mit einem weiter steigenden Anteil an ausländischer Wohnbevölkerung im Inland und einer zunehmenden Verstreuung von Familien und Vermögen zu rechnen.

Diese Entwicklung hat zunächst eine offensichtliche praktische Seite. Sie bedeutet eine Zunahme internationaler Erbfälle. Dies berührt die Zeitgemäßheit des Erbkollisionsrechts.[35] Zugleich legt es der Integrationsprozess nahe, die Zeitgemäßheit unseres materiellen Erbrechts auch mit Blick auf die Anschlussfähigkeit an ausländische Rechtsentwicklungen zu messen.[36]

II. Veränderungen der rechtlichen Umgebung

1. Verfassungsrecht

a) Entfaltung der Erbrechtsgarantie

Als vorkonstitutionelles Recht stellt sich die Frage der Zeitgemäßheit für das Erbrecht des BGB zugleich als Frage seiner Verfassungsgemäßheit. Allerdings hat der überkommene Regelungsbestand des Erbrechts das Inkrafttreten des Grundgesetzes weitgehend unbeschadet überdauert. Das materielle Erbrecht hat sich im Wesentlichen als verfassungsmäßig erwiesen.[37] Verfassungsrechtlich geboten

[32] Statistisches Bundesamt (Hrsg.), Bevölkerung und Erwerbstätigkeit (Fn. 31), Tabelle 1 (S. 23).

[33] Statistisches Bundesamt (Hrsg.), Bevölkerung und Erwerbstätigkeit (Fn. 31), Tabelle 5 (S. 46).

[34] KOM (2009) endg. 154, sub. 2.2.

[35] Siehe unten, E. Weitere Zweifelsfragen betreffen das Nachlassverfahren sowie die Ausgestaltung und Anerkennung von Erbschein und Vollstreckerzeugnis.

[36] Siehe unten, B.II. 2., zu Einzelaspekten siehe die rechtsvergleichenden Befunde zum gesetzlichen Erbrecht des Ehegatten (D. I. 1.), dem ordentlichen Testament (E. I. 1.), dem gemeinschaftlichen Testament (E. III. 1.) sowie der Ausgestaltung von Verwaltungsvollstreckung und Nacherbschaft (F. II. 1.).

[37] Siehe BVerfGE 58, 377ff. – Verfassungsmäßigkeit des Erbersatzanspruchs des nichtehelichen Kindes gemäß § 1934d BGB; BVerfGE 67, 329ff. – Verfassungsmäßigkeit der Abfindung weichender Erben gemäß §§ 12, 13 HöfeO; BVerfGE 91, 346ff.

waren nur die Abschaffung des Vorrangs männlicher Abkömmlinge bei der Hoferbfolge,[38] die Eröffnung von Testiermöglichkeiten für schreib- und sprechunfähige Personen[39] und die Gleichstellung nichtehelicher Kinder.[40]

Dieser Befund ist im Vergleich zu anderen Gebieten des Bürgerlichen Rechts übersichtlich. Das hängt mit der Eigenart der Erbrechtsgarantie (Art. 14 Abs. 1 S. 1 GG) als *rechtsgeprägtes* Grundrecht zusammen.[41] Das auf Ausgestaltung angewiesene Grundrecht wird erst verletzt, wenn der „grundlegende Gehalt"[42] der Gewährleistung in Frage gestellt wird.[43] Im Übrigen verfügt der Gesetzgeber über einen weiten Gestaltungsspielraum,[44] lediglich begrenzt durch das Übermaßverbot und das Gleichheitsgebot.[45] Auch hier kommen dem erbrechtsgestaltenden Gesetzgeber Bewertungsspielräume zugute: Unverhältnismäßigkeit wird erst dann angenommen, wenn eine einfachrechtliche Ausgestaltung „schlechthin ungeeignet", „eindeutig nicht erforderlich" oder auch bei Anerkennung eines Bewertungsspielraums unzumutbar ist.[46] Unter dem Strich wirkte die Entfaltung der Erbrechtsgarantie mehr konservierend als reformierend: Mit der Aufdeckung des „grundlegenden Gehalts" der Erbrechtsgarantie hat das BVerfG inzwischen den zentralen erbrechtlichen

---

– Verfassungsmäßigkeit der Zuweisung eines landwirtschaftlichen Betriebs gegen Ertragswertabfindung gemäß §§ 13 ff. GrdstVG; BVerfG, NJW 1998, 2965 – Verfassungsmäßigkeit von § 14 HeimG; BVerfGE 112, 332 ff. – Verfassungsmäßigkeit des Pflichtteilsrechts (§§ 2303 ff. BGB) und der Pflichtteilsentziehungsgründe.

[38] BVerfGE 15, 337 ff.

[39] BVerfGE 99, 341 ff.

[40] BVerfGE 74, 33 ff. – Unvereinbarkeit von § 1934 c Abs. 1 S. 1 BGB mit Art. 6 Abs. 5 GG. Zur Verfassungsmäßigkeit der Übergangsregelung in Art. 10 § 12 NehelG vom 19. 8. 1969 (BGBl. I S. 1243) BVerfGE 44, 1 ff. Zur Verfassungsmäßigkeit des Erbersatzanspruchs des nichtehelichen Kindes im Hinblick auf die Stellung der ehelichen Kinder aber BVerfGE 58, 377 ff.

[41] Näher zum Folgenden *Röthel*, ErbR 2009, 266 ff.; allgemein *Bumke*, Ausgestaltung von Grundrechten (2009), insbesondere S. 17 ff. mit herzlichem Dank für die weiterführenden Hinweise; *Ruffert*, Vorrang der Verfassung und Eigenständigkeit des Privatrechts (2001).

[42] St. Rspr., siehe etwa BVerfGE 105, 313 (355); 91, 346 (360).

[43] Ein wiederkehrender Begründungspfad für die Herleitung des grundlegenden Gehalts liegt in der Verknüpfung und Zusammenschau mit anderen Freiheitsverbürgungen, beispielsweise für die Testierfreiheit in BVerfGE 99, 341 (350); 91, 346 (358) und für das Pflichtteilsrecht in BVerfGE 112, 332 (352 ff.); historisierende Begründungen bei *Ruffert* (Fn. 41), S. 393: Kernelemente entspringen „vor allem dem traditionalen Element der Institutsgarantie"; ähnlich *Staudinger/Otte*, vor § 1922 Rn. 61: „Grundsätze, die das deutsche Recht seit seiner Rezeption des römischen Rechts prägen"; kritisch *J. Mayer*, FamRZ 2005, 1441 (1443).

[44] Siehe nur BVerfGE 112, 332 (355) für das Pflichtteilsrecht; BVerfGE 67, 329 (341) und BVerfGE 91, 346 (352, 360) für die gesetzliche Erbfolge.

[45] BVerfGE 112, 332 (348); 105, 313 (355); 67, 329 (340).

[46] BVerfGE 99, 341 (353) m. w. N.

Institutionen – der Testierfreiheit,[47] dem Erwerbsrecht des Erben aufgrund gesetzlicher[48] und gewillkürter Erbfolge[49] sowie dem Pflichtteilsrecht[50] – in ihrem Kern Bestandsschutz vermittelt.

b) Herausforderungen

Die bedeutsameren Impulse für Neuausrichtungen des Erbrechts gehen vom allgemeinen Verfassungsrecht aus, hier in Gestalt der Forderungen nach gleichgerechter und folgerichtiger Ausgestaltung der erbrechtlichen Institutionen (unten aa) sowie nach hinreichendem Schutz vor Fremdbestimmung und Beherrschung (unten bb).

aa) Gleichgerechtigkeit und Folgerichtigkeit

Der allgemeine Gleichheitssatz des Art. 3 Abs. 1 GG verpflichtet den Gesetzgeber, wesentlich Gleiches gleich und wesentlich Ungleiches ungleich zu behandeln.[51] Bis in die jüngste Zeit verkörpern die Gleichheitsgebote des Grundgesetzes die wohl offensichtlichsten Gestaltungsgrenzen des Erbrechts.[52] Die Schlechterstellungen nichtehelicher Kinder[53] und weiblicher Hofnachfolger[54] wurden inzwischen als gleichheitswidrig erkannt und weitgehend beseitigt.[55] Die Aufdeckung der ansonsten noch verbleibenden Gestaltungsanforderungen an eine gleichgerechte Erbrechtsordnung ist diffiziler. Dies

---

[47] BVerfGE 112, 332 (348f.); 99, 341 (350f.); 91, 346 (358); 67, 329 (343); NJW 2000, 2495 (2496).

[48] BVerfGE 91, 346 (358). Als verfassungsrechtlich nicht vertretbar sah das BVerfG aber die Begünstigung männlicher Hoferben an, BVerfGE 15, 337 (342ff.). Das gesetzliche Erbrecht des Ehegatten dürfte jedenfalls Ausdruck des Gebots der Folgerichtigkeit der Rechtsordnung sein; näher *Röthel*, Solidaritätskonzept und Statusorientierung des Erbrechts, in: Lipp/Röthel/Windel, Familienrechtlicher Status und Solidarität (2008), S. 85 (97ff.).

[49] Zum Erwerbsrecht des Erben BVerfGE 112, 332 (349); 99, 341 (349); 93, 165 (174); 91, 346 (360).

[50] BVerfGE 112, 332 (349ff.); dazu bereits *Martiny*, 64. DJT 2002, A 80; *Otte*, AcP 202 (2002), 317ff.; *ders.*, ZEV 1994, 193 (194); *Haas*, ZEV 2000, 249 (253ff.).

[51] St. Rspr., siehe aus jüngerer Zeit BVerfGE 121, 317 (369) – Rauchverbot; 116, 164 (180) – Tarifbegrenzung gewerblicher Einkünfte; 98, 365 (385) – Versorgungsanwartschaften.

[52] Zuletzt BVerfGE 117, 1ff. – Unvereinbarkeit von § 19 ErbStG mit Art. 3 Abs. 1 GG.

[53] BVerfGE 74, 33ff. – Unvereinbarkeit des Erbersatzanspruchs (§ 1934c BGB a.F.) mit Art. 6 Abs. 5 GG.

[54] BVerfGE 15, 337ff. – Unvereinbarkeit des Vorrangs männlicher Hofnachfolger (§ 6 Abs. 1 S. 3 HöfeO) mit Art. 3 Abs. 2, 3 GG.

[55] Es bleibt noch die Umsetzung des Urteils EGMR vom 28. 5. 2009, Brauer v. Germany, Application no. 3545/04, ZEV 2009, 510: Unvereinbarkeit der Übergangsregelung von Art. 12 § 10 Abs. 2 S. 1 NEhelG mit Art. 14 i.V. mit Art. 8 EMRK.

hängt auch damit zusammen, dass sich die verfassungsgerichtliche Gleichheitskontrolle seit den 1980er Jahren signifikant verdichtet hat[56] und inzwischen zum Gebot der Folgerichtigkeit der Gesetzgebung[57] weitergeführt wurde. Ähnliche Engführungen sind mit dem Gebot der Normenwahrheit verbunden.[58] Die Entwicklung geht in Richtung eines verfassungsrechtlichen Konsistenzgebots.[59] Dies gibt Anlass, die Zeitgemäßheit der erbrechtlichen Institutionen insbesondere als Frage ihrer Gleichgerechtigkeit und Folgerichtigkeit zu betrachten.

Bedenken erheben sich an zwei Stellen. Erstens geht es um das Verhältnis der Universalsukzession (§ 1922 BGB) zu Sondererb- und Sondernachfolgen. Es ist zu prüfen, ob sich die erbrechtliche Sonderstellung von unternehmerischem, landwirtschaftlichem und Versicherungsvermögen gegenüber dem sonstigen Nachlass insgesamt und insbesondere die Privilegierung des landwirtschaftlichen Vermögens gegenüber gewerblichem Vermögen (Miterbenabfindung, Bewertung) noch rechtfertigen lässt.[60] Die dahinter stehende Verschiedenbehandlung von Personengruppen[61] ist eine rechtfertigungspflichtige Ungleichbehandlung, die wegen der Auswirkungen auf die Berufsfreiheit gesteigerten Rechtfertigungslasten unterliegt.[62] Es erscheint zunehmend zweifelhaft, ob zwischen landwirtschaftlicher und gewerblicher Betätigung noch immer Unterschiede von solcher Art und solchem Gewicht bestehen, dass sie die erheblichen Ungleichbehandlungen rechtfertigen könnten.[63] Die rechtspolitisch immer wieder nahe gelegte Reintegration der Sondererbfolgen in die

---

[56] St. Rspr. beginnend bei BVerfGE 55, 72 (88); seitdem etwa BVerfGE 82, 126 (146); 88, 87 (96f.), zuletzt BVerfGE 121, 137 (369f.) jeweils m. w. N.

[57] Grundlegend BVerfGE 121, 317 (357ff.) – Rauchverbot.

[58] BVerfGE 107, 218 (256); 108, 1 (20); 114, 196 (236) und 114, 303 (312); dazu *Drüen*, ZG 24 (2009), 60ff.; *Meyer*, Der Staat 48 (2009), 278ff.

[59] *Bumke*, Der Staat 49 (2010), 77 (87ff.).

[60] Bejaht von BVerfGE 91, 346 (363ff.) für die privilegierte Miterbenabfindung; dazu noch eingehend unten C. II. 2. b.

[61] Eine Ungleichbehandlung von Personengruppen liegt auch dann vor, wenn eine Ungleichbehandlung von Sachverhalten mittelbar eine Ungleichbehandlung von Personengruppen bewirkt. Der Gesetzgeber unterliegt in diesen Fällen regelmäßig einer stärkeren Bindung; siehe etwa BVerfGE 88, 87 (96) – Transsexuelle; 92, 53 (69) – Weihnachtsgeld; 103, 310 (319) – Berücksichtigung von Dienstzeiten in der DDR; zuletzt BVerfGE 121, 317 (369f.) – Rauchverbot.

[62] Dem Gestaltungsspielraum des Gesetzgebers sind umso engere Grenzen gezogen, je stärker sich die Ungleichbehandlung auf die Ausübung grundrechtlich geschützter Freiheiten, namentlich die durch Art. 12 Abs. 1 GG geschützte freie Berufsausübung nachteilig auswirken kann; näher BVerfGE 88, 87 (96) – Transsexuelle; 92, 53 (69) – Weihnachtsgeld; 121, 317 (370) – Rauchverbot.

[63] Zum Prüfungsmaßstab BVerfGE 102, 41 (54) – Kriegsbeschädigtengrundrente; 104, 126 (144f.) – Dienstbeschädigungsteilrente; 107, 133 (141) – Rechtsanwaltsgebühren in den neuen Bundesländern.

Universalsukzession erhält durch die akzentuierteren Anforderungen an Gleichgerechtigkeit und Folgerichtigkeit der Gesetzgebung verfassungsrechtlichen Nachdruck (unten C.). Zweitens ist die Ausgestaltung der gesetzlichen Erbfolge zu überprüfen. Hier richten sich gesteigerte Erwartungen an die Ausgestaltung des gesetzlichen Erbrechts des Ehegatten im Verhältnis zu den Kindern (unten D.I.) sowie an die Aufgliederung der gesetzlichen Erbfolge bei Vorempfängen und besonderen Leistungen (unten D.II.).

bb) Privatautonomie und Erbgeschehen

Weitere verfassungsrechtliche Herausforderungen betreffen die Freiheitssphären von Erblasser und Erbe im Umgang mit dem erbrechtlichen Erwerb. Für die Vertragsfreiheit hat das BVerfG aus Art. 2 Abs. 1 GG ein erweitertes, „materiales" Freiheitsverständnis abgeleitet und fordert seither entsprechende Schutzgewähr ein: Die Zivilrechtsordnung muss Korrekturen ermöglichen, wenn Verträge aufgrund struktureller Unterlegenheit eines Vertragsteils nicht Ausdruck von Selbstbestimmung, sondern von Fremdbestimmung sind.[64] Mit diesen Einsichten steht die Zeitgemäßheit der formal-liberalen Grundanlage der Testierfreiheit im BGB auf dem Prüfstand. Insbesondere erscheint der Schutz des Erblassers vor faktischen Freiheitsverlusten durch Beeinflussung und Beherrschung unvollständig. Das geltende Recht umhegt solche faktischen Freiheitsverluste – abgesehen von § 14 HeimG – derzeit nur mit den groben Kategorien der Testierfähigkeit (§ 2229 BGB) sowie der Anfechtungs- und Erbunwürdigkeitsgründe (§§ 2078, 2339 BGB). Auch eine richterliche Schutzgewähr findet praktisch nicht statt.[65] Dieser Rechtszustand wird der verfassungsrechtlichen Bedeutung der Testierfreiheit nicht gerecht. Die normativen Gehalte der gesetzlichen Erbfolge[66] formulieren zugleich Anforderungen an die privatautonome Qualität der Testierung: Die mit der Testierfreiheit eröffnete Freiheit der Gestaltung setzt selbstbestimmte und selbstverantwortete letztwillige Erklärungen voraus.[67] Fremdbestimmte Verfügun-

[64] BVerfGE 89, 214 (232) – Bürgschaft; 103, 89 (100ff.) – Ehevertrag.

[65] Seltene Ausnahmen sind OLG Braunschweig, FamRZ 2000, 1189 (1190) und BGH, LM § 138 (Bc) BGB Nr. 1 vom 4. 6. 1951.

[66] Zum normativen Gehalt der gesetzlichen Erbfolge *Röthel*, in: Lipp/Röthel/Windel (Fn. 48), S. 85, 101ff.

[67] Vgl. BVerfGE 99, 341 (351) – Testiermöglichkeit schreib- und sprechunfähiger Personen. In der Praxis findet sich diese Einsicht allerdings eher mit umgekehrten Vorzeichen: Je mehr die Verfügung von der gesetzlichen Erbfolge abweicht, umso eher wird die Testierfähigkeit bezweifelt. Dies war ein traditioneller Angriffspunkt der Geliebtentestamente und findet sich in der Formel, der Testierende müsse sich „über die sittliche Berechtigung seiner letztwilligen Anordnung ein klares Urteil bil-

gen können die Zurücksetzung der gesetzlichen Erben nicht legitimieren. Gerade mit Blick auf die gesetzlichen Erben und Pflichtteilsberechtigten dürfte es nur noch eine Frage der Zeit sein, bis das BVerfG auch außerhalb des § 14 HeimG die Weiterentwicklung der Testierfreiheit zur materialen Testierfreiheit einfordert (unten F.).

Ähnliche Herausforderungen bestehen zum Schutz der Freiheitssphäre des Erben vor Fremdbestimmung durch den Erblasser. Das BGB hat die Testierfreiheit mit der generellen Zulassung von Bedingungen und Beschränkungen (Nacherbschaft, Testamentsvollstreckung) als *Beherrschungsfreiheit* angelegt.[68] Dieser Ausgangspunkt hat inzwischen grundrechtliche Nachjustierungen über § 138 Abs. 1 BGB erforderlich gemacht. In der Hohenzollern-Entscheidung hat das BVerfG das zivilrechtlich gebräuchliche Kriterium des „unzumutbaren Drucks"[69] für die Beurteilung von letztwilligen Potestativbedingungen auch zum verfassungsrechtlichen Maßstab erhoben: Erbrechtliche Verfügungen dürfen keinen unzumutbaren Druck auf die Ausübung grundrechtlicher Freiheit ausüben.[70] Seither wird auch die Grundrechtskonformität von Wiederverheiratungsklauseln in Zweifel gezogen.[71] Die Abstimmung der Testierfreiheit mit der Freiheitssphäre des Erben ist damit auch zur Verfassungsfrage geworden (dazu unten F.).

2. Veränderungen in den europäischen Erbrechtsordnungen

Das Erbrecht ist erst in den letzten Jahren vermehrt in den Blick der europäischen Privatrechtswissenschaft und der Rechtsvergleichung geraten.[72] Ihre Einsichten sind vielschichtig und entziehen

---

den können", siehe etwa BGH, FamRZ 1958, 127 (128); BayObLG, NJW 1992, 248 (249).

[68] Dazu unten, F. II. 1.

[69] *Thielmann*, Sittenwidrige Verfügungen von Todes wegen (1973), insbesondere S. 122ff.; aus jüngerer Zeit *Otte*, ErbR 2009, 2ff.; *von Schrenck-Notzing*, Unerlaubte Bedingungen in Verfügungen von Todes wegen (2009).

[70] BVerfG, NJW 2004, 2008ff. – Hohenzollern; zuvor BGHZ 140, 118 (128ff.); OLG Stuttgart, FamRZ 1998, 260ff.

[71] *Staudinger/Otte*, § 2074 Rn. 44; *Erman/M. Schmidt*, § 2074 Rn. 6; *Scheuren-Brandes*, ZEV 2005, 185ff.; *Gaier*, ZEV 2006, 2 (5); für Zulässigkeit etwa *Leipold*, Rn. 448; *Keuk*, FamRZ 1972, 9 (13f.); *Thielmann* (Fn. 69), S. 257ff.; MünchKomm-BGB/*Musielak*, § 2269 Rn. 47.

[72] *de Waal*, Comparative Succession Law, in: Reimann/R. Zimmermann (Hrsg.), The Oxford Handbook of Comparative Law (2008), S. 1071ff.; *Hayton* (Hrsg.), European Succession Laws (1998); *Reid/de Waal/R. Zimmermann* (Hrsg.), Exploring the Law of Succession (2007); *R. Zimmermann*, The Present State of European Private Law, American Journal of Comparative Law 57 (2009), 479 (503ff.); *Bonomi* u.a. (Hrsg.), Le droit des successions en Europe (2003); *Pintens*, ZEuP 2001, 628ff.; *ders.*,

sich eindimensionaler Abbildung. Historisch gewachsene Unterschiede der europäischen Erbrechtsordnungen verdanken gesteigerten Kontinuitätsbedürfnissen ungebrochene Aktualität. Auch in den zentralen Institutionen des Erbrechts bestehen nach wie vor grundlegende konzeptionelle und konstruktive Unterschiede, etwa im Verständnis des erbrechtlichen Übergangsmodus' (Vonselbsterwerb oder Antrittserwerb, Erbenhaftung oder hoheitliche Schuldenverwaltung, Erbengemeinschaft als Bruchteils- oder Gesamthandsgemeinschaft), in der Ausgestaltung familiärer Mindestbeteiligung (Pflichtteil, Noterbrecht oder family provision) sowie der Verfügungsarten (eigenhändiges Testament, Kodizill oder Zeugentestament, gemeinschaftliches Testament und/oder Erbvertrag) und Verfügungsinhalte (Nacherbfolge, Testamentsvollstreckung).[73]

Gleichwohl lassen sich in der jüngeren Rechtsentwicklung, insbesondere mit Blick auf die Reformen in den Niederlanden (2003), Frankreich (2007), Dänemark (2008) und Katalonien (2008) sowie den Reformprozess in Großbritannien[74] und die Reformdiskussion in Österreich[75] gemeinsame Entwicklungstrends ausmachen. Fruchtbare Impulse für die deutsche Rechtsentwicklung dürften von der seit etwa 20 Jahren beobachtbaren Stärkung des gesetzlichen Erbrechts des Ehegatten ausgehen. Es besteht eine deutliche Tendenz zu einer stärker horizontal wirkenden gesetzlichen Erbfolge.[76] In diese Richtung haben in jüngerer Zeit die Niederlande[77] und Dänemark[78] entschieden. Ein ähnliches Anliegen zeichnet sich mit dem Übergang vom Nutzungs- zum Teilungsprinzip ab: Der Trend geht dahin, dass

---

Family and Succession Law, in: *Blanpain* (Hrsg.), International Encyclopaedia of Laws (Loseblatt); Einzeluntersuchungen etwa bei *Henrich/Schwab* (Hrsg.), Familienerbrecht und Testierfreiheit im europäischen Vergleich (2001) sowie in *Basedow/Hopt/R. Zimmermann* (Hrsg.), Handwörterbuch zum Europäischen Privatrecht (2009).

[73] Siehe nur die Beiträge von *Herrler* (Testament), *Helms* (Erbenhaftung, Erbvertrag und gemeinschaftliches Testament), *Wenckstern* (Erbschaftsannahme/-ausschlagung), *Kroppenberg* (Erbrecht, Erbfolge, Pflichtteilsrecht, Testierfreiheit) und *Dutta* (Vor- und Nacherbschaft, Testamentsvollstreckung) in *Basedow/Hopt/R. Zimmermann* (Fn. 72).

[74] Law Commission Consultation Paper „Intestacy and family provision claims on death" No. 191 (2009); Scottish Law Commission Report on Succession No. 215 (2009).

[75] Dazu das Gutachten von *Welser*, Die Reform des österreichischen Erbrechts, Verhandlungen des 17. ÖJT 2009, Bd. II/1 (2009).

[76] *de Waal* (Fn. 72), S. 1071 (1078); *Pintens*, ZEuP 2001, 628 ff.; *Beckert* (Fn. 12), S. 111 ff.

[77] Siehe Art. 4:10 ff. B.W., in Kraft getreten am 1. 1. 2003; dazu *Sonnekus*, ZEuP 2005, 71 ff.; *Reinhartz*, Recent Changes in the Law of Succession in the Netherlands, EJCL 11 (2007) 1 ff.; *van Erp*, The New Dutch Law of Succession, in: Reid/de Waal/R. Zimmermann (Fn. 72), S. 193 ff.

[78] § 9 Abs. 1 arvelov (ARL) Nr. 515 vom 6. 6. 2007, in Kraft getreten am 1. 1. 2008.

Ehegatten zu Eigentum und nicht nur als Nießbraucher oder Vorerben erwerben.[79] Ausdruck dieser Horizontalisierungstendenz ist auch die erbrechtliche Berücksichtigung des nichtehelichen (nicht registrierten) Lebensgefährten. Dafür haben sich Katalonien[80] und Norwegen[81] entschieden; für Schottland zeichnet sich Ähnliches ab.[82] Mit zunehmender Verrechtlichung der nichtehelichen Lebensgemeinschaft[83] werden diese Entwicklungen langfristig auch das deutsche Recht erreichen.

In anderen Bereichen finden Konvergenzen statt, die sich zugleich als Annäherungen an das deutsche Recht lesen lassen. Mit dem Übergang von Noterbrechten zu wertmäßigen Beteiligungen am Nachlass[84] und der sich weiter abzeichnenden Stärkung der *family provision*[85] nivellieren sich die größten Unterschiede der europäischen Rechtsordnungen im Pflichtteilsrecht. Ähnliches gilt für Einzelfragen der testamentarischen Befugnisse. Das französische Recht hat im Jahr 2007 die Nacherbschaft als allgemeines Rechtsinstitut eingeführt und damit einen historisch gewachsenen und charakteristischen Unterschied zwischen den Erbrechten romanischer und germanischer Prägung aufgegeben.[86] Seit der italienischen Erbreform aus dem Jahr 2006 könnte sich im Bereich des Erbvertrags Ähnliches abzeichnen.[87] Die Vorbehalte gegenüber fideikommissarischen und erbvertraglichen Bindungen verlieren an Gewicht. Die Entscheidung der Niederlande für die Zulassung der Verwaltungsvollstreckung im

---

[79] Spanien hat die Umwandlung von Nießbrauch in Eigentum im Jahr 1981 (Art. 944 C. c.) vollzogen, die Niederlande im Jahr 2003.

[80] Etwa Art. 442–3 und Art. 442–5 katal. C. c. i. d. F. des ErbReformG vom 10. 7. 2008 (Ley 10/2008 relativo a las sucesiones).

[81] §§ 28 a ff. Lov om arv, in Kraft getreten am 1. 7. 2009. Voraussetzung ist, dass der überlebende Lebenspartner mit dem Erblasser ein gemeinsames Kind hat oder erwartet.

[82] Als gerichtliche Ermessensentscheidung (sec. 29 Family Law [Scotland] Act 2006); eine weitere Verstärkung wird empfohlen durch Scottish Law Commission, Report on Succession no. 215 (2009), 4.14. Siehe auch für Australien Succession Amendment (Intestacy) Bill (New South Wales), voraussichtliches Inkrafttreten am 1. 3. 2010.

[83] BGHZ 177, 193 ff. – Ausgleichsansprüche nach Beendigung einer nichtehelichen Lebensgemeinschaft, fortgeführt in BGH, FamRZ 2009, 849 ff.

[84] Ebenfalls mit Blick auf das niederländische Recht *Reinhartz*, EJCL 11 (2007) 1 (11); allgemein *Pintens*, ZEuP 2001, 628 (638 ff.). In den nordischen Rechtsordnungen werden Pflichtteilsrechte tendenziell stärker begrenzt; etwa jüngst in Dänemark (Senkung des Pflichtteils auf ¼ und Kappungsgrenze bei 137 000 € gemäß §§ 5, 11); weitere Länderberichte in *Röthel* (Fn. 5).

[85] Siehe nur Intestacy and family provision claims on death, Law Commission consultation paper No. 191 vom 29. 10. 2009 und noch unten bei Fn. 560.

[86] Art. 1048 ff. C. c., eingefügt durch Loi n° 2006 – 728 du 23. 6. 2006 portant réforme des successions et des libéralités.

[87] Art. 768bis ff. C. c., eingeführt durch Legge 14. 2. 2006 n°55, Modifiche al Codice Civile in materia di patto di famiglia.

Jahr 2003[88] mag ein ähnlicher Anfangspunkt sein. Gleichwohl wäre es verkürzt, diese Veränderungen in den uns umgebenden Erbrechtsordnungen ausschließlich als Annäherungen an Konzepte des BGB aufzunehmen. Nach wie vor nimmt das deutsche Erbrecht in zahlreichen Entscheidungen Sonderstellungen ein: Der Verlust der Testierfreiheit durch eigenhändiges gemeinschaftliches Testament[89] und die Möglichkeit einer mehrere Generationen überdauernden Nacherbschaft oder Verwaltungsvollstreckung[90] sind den meisten uns umgebenden Rechtsordnungen nach wie vor fremd. Dieser Befund identifiziert zugleich zentrale Zweifelspunkte der Zeitgemäßheit des deutschen Rechts.[91]

III. Veränderte Erwartungen

1. Soziale und ökonomische Aufgaben

Die Frage nach den sozialen und ökonomischen Aufgaben des Erbrechts interessiert seit Inkrafttreten des BGB.[92] Dahinter stehen ausdifferenzierte Diskurse zu den Funktionen der erbrechtlichen Institutionen und Instrumente. Die damit verbundenen Setzungen entziehen sich allerdings in weiten Teilen einer rechtlichen Beurteilung. Dies gilt insbesondere für die Frage, ob das Erbrecht eher egalisieren, umverteilen, dekonzentrieren oder ob es im Gegenteil den Erhalt von Vermögen oder einzelner Vermögensbestandteile (Unternehmen, Landgüter) begünstigen soll. Die Argumentationszusammenhänge zwischen diesen Anliegen und der Ausgestaltung der erbrechtlichen Institutionen und Instrumente (Universalsukzession, gesetzliche Erbfolge, Pflichtteilsrecht, Testamentsvollstreckung, Nacherbfolge) sind bereits eingehend nachgezeichnet worden.[93] Sie

[88] Art. 4:153 ff. B. W. (testamentair bewind).

[89] Näher unten, E. III. 1.

[90] Näher unten, F. II. 1.

[91] Im Einzelnen unten E. III. 3., F. III. 3.

[92] *Mertens*, Die Entstehung der Vorschriften des BGB über die gesetzliche Erbfolge und das Pflichtteilsrecht (1970), S. 131 ff.; *Papantoniou*, AcP 173 (1973), 385 ff.; *Leipold*, AcP 180 (1980), 160 (163 ff., 204 ff.); *Eckert*, Der Kampf um die Familienfideikommisse in Deutschland (1992); *Linker*, Zur Neubestimmung der Ordnungsaufgaben im Erbrecht in rechtsvergleichender Sicht (1999); *Beckert*, Unverdientes Vermögen (2004); *Rauscher* Bd. I, S. 171 ff.

[93] Mit der Entscheidung für die Universalsukzession und den Regelungen der gesetzlichen Erbfolge (insbesondere § 1924 Abs. 4 BGB) hat der Gesetzgeber eine Mehrheit von Erben und damit eine Teilung von Nachlässen zum praktischen Regel-

werden heute maßgeblich durch das Verfassungsrecht geprägt.[94] Auch geht es weniger um die grundsätzlichen Weichenstellungen, sondern eher um die innere Stimmigkeit der Einzelausprägungen, etwa mit Blick auf die fortbestehenden Unterschiede zwischen gewerblichen und landwirtschaftlichen Betrieben[95] oder die unterschiedlich gezogenen Grenzen letztwilliger Vermögensherrschaft.[96] Generell ist zu beobachten, dass ordnungspolitische Begründungen in den zurückliegenden Jahrzehnten auf zunehmendes Unbehagen stoßen und erst zusammen mit individualrechtlichen Begründungen an Überzeugungskraft gewinnen.[97] Diese Entwicklung ist eine bedeutungsvolle Fernwirkung der Entfaltung der grundrechtlichen Gehalte des Erbgeschehens.[98]

2. *Herausforderungen*

Die Auseinandersetzung über die sozialen und politischen Aufgaben des Erbrechts hat zuweilen den Blick auf die individuellen Bedeutungen des Erbgeschehens verdeckt. Zusammen mit sozialwissenschaftlichen Einsichten zu den ideellen und personalen Erbbedeutungen (unten a) und veränderten Grundhaltungen zum Verhältnis von Macht und Autonomie (unten b) ergeben sich weitergehende, noch nicht so aufmerksam bedachte Herausforderungen an eine zeitgemäße Ausgestaltung des Erbrechts.

a) Achtung ideeller und personaler Erbbedeutungen

Es greift zu kurz, das Erbgeschehen auf seine ökonomischen Momente zu reduzieren. Erkenntnisse der sozialwissenschaftlichen Generationenforschung weisen auf die identitätsprägenden und identi-

---

fall werden lassen. Bei gewillkürter Alleinerbensukzession kann das Pflichtteilsrecht (§§ 2303 ff. BGB) eine begrenzte innerfamiliäre Teilung bewirken. Zugleich sind dem Erblasser mit der Zulassung der Dauertestamentsvollstreckung (§ 2209 BGB) und mehrfachen Nacherbfolgen (§ 2109 BGB) vergleichsweise starke Instrumente zur Vermögenskonzentration an die Hand gegeben worden. – Siehe nur *Coing*, 49. DJT 1972, A 17 ff.; *Leipold*, AcP 180 (1980), 160 (163 ff., 204 ff.).

[94] Insbesondere die Eigentums- und Erbrechtsgarantie sowie die Gebote der Gleichgerechtigkeit und Folgerichtigkeit; siehe oben, B. II. 1.

[95] Siehe unten, C. II., III.

[96] Siehe unten, F. II. 3. c.

[97] *Windel*, S. 4; *Rauscher* Bd. I, S. 171 ff.; *Papantoniou*, AcP 173 (1973), 385 (388 ff.); *Linker*, Zur Neubestimmung der Ordnungsaufgaben im Erbrecht in rechtsvergleichender Sicht (1999), S. 119; *Leipold*, AcP 180 (1980), 160 (204 f.); *K. Lange*, in: Röthel (Fn. 5), S. 57 (60 ff.).

[98] Siehe oben, B. II. 1. a. Wohl deutlichstes Beispiel ist die Diskussion um die innere Berechtigung der landwirtschaftlichen Sondererbfolge, dazu noch unten, C. II. 1.

tätskonstituierenden sowie symbolischen Gehalte von Erben und Vererben hin.[99] Erben und Vererben werden als wesentliche Bestandteile des Beziehungserlebens in der Familie verstanden, die mit den vermögensmäßigen Auswirkungen nur unvollständig erfasst werden, nicht zuletzt durch ihre nachweislichen Auswirkungen auf die Lebensverläufe.[100] Auch in der ökonomischen Theorie des Vererbens werden die personalen Prägungen des Erbgeschehens betont.[101] Durch retrospektives, paternalistisches oder strategisches Vererben werden die lebzeitigen Beziehungen übertragen und weitergeführt.[102] Diese Verknüpfung von Erb- und Beziehungserleben wird mit der sich verlängernden gemeinsamen Lebensspanne in der Familie eher noch bedeutungsvoller.[103]

Mit der Einsicht in die ideellen und personalen Gehalte von Erben und Vererben wächst die *Bedeutsamkeit* der Entscheidung, wer zum Erben berufen und wer von der Erbfolge ausgeschlossen wird. Es handelt sich um zentrale Entscheidungen, die großen Einfluss auf Identitätsempfinden, Beziehungsbewertung, Rollenverständnis und Lebensverlauf haben. Dieser Bedeutsamkeit ist insbesondere für Entscheidungen, mit denen Generationenerwartungen enttäuscht werden, Rechnung zu tragen. Damit verbinden sich Anforderungen an die Ausgestaltung der Testierfreiheit, die dafür Sorge tragen, dass der Erblasser durch hinreichend bedachte und selbstbestimmte Entscheidungen die Verantwortung für das Verfügte übernimmt.[104] Die Achtung der ideellen und personalen Erbbedeutungen erfordert rechtliche Regeln, die die Intentionalität von Testierentscheidungen garantieren. Die damit verbundenen Gestaltungsaufgaben sind umso bedeutungsvoller, als Testierentscheidungen mit steigendem Lebens-

---

[99] Erbschaften als „Beziehungsidiom": *Lettke*, Vererbungsabsichten in unterschiedlichen Familienformen, in: Lettke/Lange (Hrsg.), Generationen und Familien (2008), S. 96 (105f); *Langbein*, Geerbte Dinge. Soziale Praxis und symbolische Bedeutung des Erbens (2002); zusammenfassend *Lüscher*, Erben und Vererben, in: Lettke (Hrsg.), Erben und Vererben. Gestaltung und Regulation von Generationenbeziehungen (2003), S. 125ff. m.w.N.; dort auch *Schulte*, (Ver-)Erben aus psychologischer Sicht, a.a.O., S. 205ff.; ältere Untersuchungen bei *Ehmer*, Ökonomische Transfers und emotionale Bindungen in den Generationenbeziehungen des 18. und 19. Jh., in: Kohli/Szydlik (Hrsg.), Generationen in Familie und Gesellschaft (2000), S. 77ff.

[100] *Lauterbach/Lüscher*, Erben und die Verbundenheit der Lebensläufe von Familienmitgliedern, Kölner Zeitschrift für Soziologie und Sozialpsychologie (KZfSS) 48 (1996), 66ff. m.w.N.

[101] *Stutz/Bauer*, Erben und Vererben in der ökonomischen Theorie, in: Lettke (Hrsg.), Erben und Vererben (2003), S. 75ff.

[102] *Kohli/Künemund*, Intergenerational transfers in the family: What motivates giving?, in: Bengtson/Lowenstein (Hrsg.), Global aging and challenges to families (2003), S. 123ff.

[103] *Lüscher*, ZEV 2004, 5 (6).

[104] Dazu insbesondere F.II. 3. b.

alter typischerweise in einer Phase zunehmender Gefährdung der autonomen Fähigkeiten getroffen werden.[105] Auch wird aus der Kautelarpraxis immer wieder berichtet, dass Inhalt und Wirkungen der erbrechtlichen Verfügungen nur einem eher kleinen Kreis der Erblasser zutreffend bekannt sind. Gerade über die „gefährlichen" Verfügungen bestehen Fehlvorstellungen, etwa über die Bindungswirkung des gemeinschaftlichen Testaments, die Stellung eines Testamentsvollstreckers und die Bedeutung der Nacherbfolge. Hier sind gesetzliche Sicherungen zur Wahrung intentionaler Erblasserentscheidungen zu überlegen.[106]

b) Schutz vor Testiermacht

Die vielfach als formal-liberal gekennzeichnete Grundanlage des BGB hat im vergangenen Jahrhundert zahlreiche Nachjustierungen erfahren. Für die Vertragsfreiheit wird die Wandlung zu einem stärker materialen Verständnis zu den zentralen Entwicklungstendenzen des Privatrechts gezählt.[107] Die dahinter stehenden Einsichten in die Funktionsvoraussetzungen von Autonomie haben auch das Erbrecht erreicht. Dabei gilt die Sorge heute sowohl dem Schutz des Erben vor der Testiermacht des Erblassers (Schutz vor Testiermacht), als auch dem Schutz des Erblassers vor Machtausübung Dritter bei der Wahrnehmung der Testierfreiheit (Schutz der Testierfreiheit vor Macht). Die Ausbalancierung von Freiheit und Macht thematisiert unabhängig von verfassungsrechtlichen Geboten aber auch gesellschaftspolitisch veränderte Wahrnehmungen: Es wird immer selbstverständlicher als eine Aufgabe des Rechts angesehen, vor privater Macht zu schützen.

Vor diesem Hintergrund erscheinen zahlreiche Grundentscheidungen des BGB-Gesetzgebers inzwischen in anderem Licht. Dies gilt zunächst für die Ausgestaltung der Testierfreiheit. Mit der Zulassung von bedingter und beschränkter Erbeinsetzung erhält der Erblasser vergleichsweise weitreichende Einwirkungsbefugnisse auf die Erben. Diese Befugnisse werden heute weniger selbstverständlich als Ausdruck der Testierfreiheit gesehen, sondern erscheinen als zunehmend erklärungsbedürftig. Die Sensibilität gegenüber Bevormundung und Willensherrschaft verlangt Grenzziehungen, um Diktaturen „der kalten Hand",[108] „Herrschsucht über den Tod hi-

[105] Siehe oben, B. I. 2. a.

[106] Siehe unten, E. III. 3. a, F. II. 3. b, G. II. 2. b.

[107] Etwa *Reuter*, AcP 189 (1989), 199 ff.; *Canaris*, AcP 200 (2000), 273 ff.; *Hofer*, Vertragsfreiheit am Scheideweg (2006).

[108] Etwa *Edenfeld*, DNotZ 2003, 4 ff.; *Windel*, S. 244 ff.; *Schlüter*, in: FG Zivilrechtslehrer 1934/1935 (1999), S. 575 ff.; kritisch *Kroppenberg*, DNotZ 2006, 86 ff. (90 ff.); *dies.*, Privatautonomie von Todes wegen (2008), S. 94 ff. und öfter.

naus"[109] oder letztwillige Privatstrafen[110] zu verhindern. Ähnlichen Vorbehalten begegnen sog. Privat- oder Familienstiftungen,[111] wenngleich in erster Linie aus ordnungspolitischen Erwägungen.

Zugleich ist die Sensibilität für Schutzbedürfnisse des Erblassers vor beherrschender Beeinflussung bei Wahrnehmung der Testierfreiheit gestiegen. Das geltende Recht bewirkt hier nur einen punktuellen Schutz (§ 14 HeimG, §§ 2229, 2078, 2339 BGB). Die Zeitgemäßheit unserer erbrechtlichen Institutionen und Instrumente lässt sich damit insbesondere daran ablesen, ob das geltende Erbrecht einen praktikablen und ausgewogenen Rahmen für diese Schutzbedürfnisse bereitstellt.[112]

---

[109] *Lange/Kuchinke*, § 31 II 2 (S. 668).

[110] *Westermann*, in: FS für Wiegand (2005), S. 661 ff.; *Otte*, in: Bayer/Koch (Hrsg.), Unternehmens- und Vermögensnachfolge (2009), S. 61 ff.

[111] Insbesondere MünchKommBGB/*Reuter*, 5. Aufl. (2006), §§ 80, 81 Rn. 84 ff.; *Rawert*, ZEV 1999, 294 (297); *Däubler*, JZ 1969, 499 (501 f.).

[112] Siehe unten, F. I.

C. Universalsukzession, Vonselbsterwerb und Ausschlagung

I. Reformanliegen

Der BGB-Gesetzgeber hat die Entscheidung für das römisch-rechtliche Prinzip der *Universal*sukzession, also den Übergang des Nachlasses als Gesamtheit, in § 1922 BGB an den Beginn des fünften Buchs gestellt. Damit wurden die beiden im gemeinen Recht als Durchbrechungen der Universalsukzession bekannten Institutionen – die Erbeinsetzung auf bestimmte Gegenstände und das Vindikationslegat – gezielt abgeschafft.[113] Auch für Hausratsgegenstände und Hochzeitsgeschenke (§ 1932 Abs. 2 BGB), den sog. Voraus (§ 1969 Abs. 2 BGB) sowie Familienerinnerungsstücke (vgl. §§ 2047 Abs. 2, 2373 S. 2 BGB)[114] sind keine Spezialsukzessionen eröffnet worden.

Der Übergang des Nachlasses als Gesamtheit ist nicht nur rechtstechnischer Natur. Er führt die Einheitlichkeit der Vermögensverwaltung des Erblassers weiter[115] und dient insbesondere den Interessen der Nachlassgläubiger, Erben und Pflichtteilsberechtigten.[116] Diese Regelungsanliegen haben nicht an Berechtigung verloren. Gleichwohl ist nicht zu übersehen, dass die Universalsukzession nicht alle Versprechen aus ihrer prominenten Position im Konzept des BGB-Erbrechts hat einlösen können. In der laienhaften Vorstellung ist nach wie vor die Möglichkeit einer dinglichen Einzelsukzession lebendig.[117] Hinzu kommt die wirtschaftliche Bedeutung von Vermögensbestandteilen, die nicht im Wege der Universalsukzession übergehen, insbesondere die Sondererbfolge in Personengesellschaftsanteile und die Sondernachfolge in Versicherungsvermögen.

---

[113] Siehe zur Diskussion im Gesetzgebungsverfahren einerseits Prot. V, 73, andererseits Mot. V, 133ff., 176f.; Prot. V, 200ff. sowie *Friedensburg*, Soll die Wirkung aller Legate, unter Aufhebung des legatum vindicationis, nur eine obligatorische sein?, 19. DJT 1888, Bd. II, S. 35ff. und Diskussion Bd. III, S. 76ff.

[114] Für eine Sondernachfolge in Anlehnung an Art. 613 Abs. 2 ZGB etwa *Staudinger/Werner*, § 2047 Rn. 6; dagegen *Lange/Kuchinke*, § 44 IV 4d (S. 1164); *Windel*, S. 331f.

[115] *Windel*, S. 23ff.

[116] *Windel*, S. 12ff.; *Muscheler*, S. 96ff.; MünchKommBGB/*Leipold*, § 1922 Rn. 117f.

[117] Genauso bereits *Leipold*, AcP 180 (1980), 160 (209).

Wirtschaftlich betrachtet erlebt die Universalsukzession eine stete Erosion.[118] Gleichwohl steht die Leistungsfähigkeit des Konzepts der Universalsukzession nicht wirklich in Frage.[119] Sinnvolle Reformarbeit wird weder aus der geringen Verankerung im laienhaften Rechtsbewusstsein noch aus der verringerten ökonomischen Bedeutung die völlige Preisgabe der Universalsukzession folgern. Eher wird es als Reformanliegen gesehen, die derzeitigen Spezialsukzessionen und Sonderzuordnungen (landwirtschaftliches Vermögen [unten II.], Beteiligungen an Personenhandelsgesellschaften [unten III.] und Versicherungsvermögen [unten IV.]) in die Universalsukzession zu reintegrieren.[120] Verfassungsrechtlich stehen dahinter Forderungen nach Gleichgerechtigkeit der erbrechtlichen Institutionen.[121]

II. Sondererbfolge in landwirtschaftliche Betriebe

Die Gestaltung der Nachfolge in landwirtschaftliche Betriebe ist vom BGB-Gesetzgeber rechtspolitisch offen gelassen worden. Entschieden wurde nur die Fortgeltung der inzwischen praktisch kaum noch bedeutsamen Landesanerbengesetze (Art. 64 EGBGB) sowie in der Zweiten Kommission die Aufnahme der §§ 2049, 2312 BGB.[122] Inzwischen ist daraus ein unübersichtliches Sonderprivatrecht geworden, das in der Zusammenschau der Rechtsquellen und Regelungskonzepte bis heute etwas Unentschiedenes hat. Geht es um die Einschätzung von Reformchancen, zwingt dieser Zustand des Rechtsgebiets allerdings zu Bescheidenheit: So erstrebenswert hier

[118] Einem geschätzten Erbvolumen von etwa jährlich 100–200 Mrd. € bis zum Jahr 2010 (oben Fn. 10) stehen jährlich etwa 70000 Familienunternehmen gegenüber, die mit einem durchschnittlichen Umsatz von etwa 6 Mio. € (basierend auf den Schätzungen des Instituts für Mittelstandsforschung [Hrsg.], Die volkswirtschaftliche Bedeutung der Familienunternehmen [2007] S. 24) zur Nachfolge anstehen (*Röhl*, Die Zukunft der Familienunternehmen in Deutschland [2008], S. 104ff.). Allein von 1970 bis heute hat sich die Zahl der Personengesellschaften fast vervierfacht: Für das Jahr 1970 geht *Küting*, Private Unternehmen, in: Pohl (Hrsg.), Die Entwicklung von Unternehmensformen und -strukturen in Westdeutschland seit dem Zweiten Weltkrieg (1993), S. 52ff. von ca. 100000 Personengesellschaften aus: Inzwischen ist von etwa 400000 Personengesellschaften auszugehen (siehe für das Jahr 2004 *Mödinger/Philipp*, Erweiterte Auswertungen mit dem Unternehmensregister, Wirtschaft und Statistik 2007, 342 [346]); für das Jahr 2008 weist das Unternehmensregister des Statistischen Bundesamts 413746 Personengesellschaften aus).

[119] *Windel*, S. 10ff., 23ff.; MünchKommBGB/*Leipold*, § 1922 Rn. 117ff.

[120] *Coing*, 49. DJT 1972, A 53; *Leipold*, AcP 180 (1980), 160 (209f.); *Däubler*, ZRP 1975, 136 (144f.).

[121] Siehe oben, B.II. 1. b aa.

[122] Prot. V, 852; *Mertens* (Fn. 92), S. 118, 124.

eine grundsätzliche Reform erscheint, so spürbar sind auch die ideologischen Verhärtungen, die bislang größere Neuordnungen verhindert haben.[123] Gleichwohl mehren sich die Stimmen, die die grundsätzliche Frage nach der Legitimierbarkeit des geltenden Rechts stellen.[124]

1. Befund

Die zentrale Entscheidung des landwirtschaftlichen Sonderprivatrechts liegt in der Eröffnung einer Singularsukzession[125] unter privilegierter Miterbenabfindung.[126] Diese Abweichungen von den §§ 1922ff. BGB werden mit dem privaten Interesse am Erhalt des Hofs in der Familie sowie mit dem öffentlichen, agrarstrukturellen Interesse, eine Bodenzersplitterung zu vermeiden, erklärt.[127]

Beide Regelungsanliegen haben an legitimierender Kraft verloren. Das *private* Interesse, den Hof unabhängig vom erklärten Erblasserwillen in der Familie zu erhalten, dürfte heute mit dem sozialen Bedeutungsverlust des Hofs für die Familie und der sozialversicherungsrechtlichen Absicherung der Landwirte[128] weitgehend zu vernachlässigen sein.[129] Auf den ersten Blick zeitloser mag das *agrar-*

---

[123] Auch die von der Deutschen Gesellschaft für Agrarrecht im Jahr 2003 zur „Neuordnung des landwirtschaftlichen Erbrechts" einberufene Kommission hat ihre Arbeit ohne Abschlussbericht eingestellt.

[124] *Muscheler*, S. 108ff.; *Staudinger/J. Mayer* (2005), Art. 64 EGBGB Rn. 15; *Köhne*, AUR 2003 Beilage II, 2; *Grimm*, AgrarR, 2. Aufl. (2004), S. 117; *Fassbender*, AgrarR 1998, 188 (193); *Haselhoff*, Rd L 1993, 225 (227); *Ruby*, ZEV 2006, 351 (355); vorsichtiger MünchKommBGB/*Leipold*, vor § 1922 Rn. 141: Berechtigung sollte „sorgfältig überprüft werden"; *Soergel/Stein*, § 1922 Rn. 87; *Netz*, Rd L 2004, 1 (3); a.A. für bundesweite Ausdehnung der HöfeO noch *Stöcker*, AgrarR 1977, 73 sowie 245; *ders.*, AgrarR 1978, 1; für Neuordnung im BGB *Seidel*, Der fünfte Titel. Ein neues Hoffolgerecht für Deutschland (2006); für Beibehaltung einer Sondererbfolge *Mönig*, Landwirtschaftliches Sondererbrecht im Lichte von Verfassungsrecht und Rechtspolitik (2008), S. 235ff., 249ff.; weitere Reformvorschläge bei *V. Hausmann*, Die Vererbung von Landgütern nach dem BGB (2000), S. 288ff.

[125] § 4 HöfeO für Hamburg, Niedersachsen, Nordrhein-Westfalen und Schleswig-Holstein; vergleichbare Regelungen enthalten § 4 BadHofgüterG, § 9 Abs. 1 BremHöfeG, und § 14 HöfeO-RhPf.

[126] § 12 HöfeO; § 10 BadHofgüterG; § 16 HessLandgüterO; §§ 20f. HöfeO-RhPf; §§ 14ff. BremHöfeG.

[127] Begründung eines Zweiten Gesetzes zur Änderung der Höfeordnung, Verhandlungen des Deutschen Bundestages, Bd. 184 Drucks. 7/1443, S. 13ff.; BVerfGE 15, 337 (342); 67, 348 (367); 91, 346 (341); BGHZ 98, 375 (382).

[128] Zur landwirtschaftlichen Alterssicherung *Wirth*, SdL 2007, 96ff. Die Zuschüsse des Bundes zur landwirtschaftlichen Alterssicherung beliefen sich im Jahr 2009 auf einen Betrag von 2,28 Mio. €. Dies war fast die Hälfte des Bundesagrarhaushalts (für 2009: 5290 Mio. €).

[129] Genauso *Rauscher* Bd. I, S. 153f.; *Ruby*, ZEV 2006, 351 (355).

strukturelle Anliegen sein, eine Bodenzersplitterung zu vermeiden. Allerdings sind auch die kontraproduktiven Effekte ungeteilter Hofweiterführung zu bedenken: Kleinere Betriebe werden künstlich am Leben gehalten und die Entstehung eines funktionierenden Marktes für landwirtschaftliche Flächen dauerhaft erschwert.[130] Die kontinuierliche Vergrößerung der durchschnittlichen Hofflächen[131] und die abnehmende Kinderzahl lassen eher umgekehrt eine gewisse Zersplitterung zur Sicherung einer breiteren Eigentumsstreuung und Verbesserung der Bodenmobilität agrarpolitisch wünschenswert erscheinen.[132] Angesichts der steigenden Nebenerwerbsbewirtschaftung[133] und den im letzten Jahrhundert veränderten Aufgaben der Landwirtschaft[134] fällt es jedenfalls zunehmend schwerer, den Zersplitterungsschutz als überragendes agrarpolitisches Ziel auszumachen.[135] Auch das BVerfG hat die agrarpolitische Funktion der Sondererbfolge nur am Rand zur Rechtfertigung herangezogen.[136]

Das Ausscheren aus der Universalsukzession ist auch nicht aus spezifisch rechtlichen Gründen zwingend. Darin unterscheidet sich die Sondernachfolge in Personengesellschaften von der landwirtschaftlichen Sondernachfolge. Während Anteile an Personengesellschaften nur nach Maßgabe des Gesellschafterwillens verkehrsfähig sind, erschöpft sich die Vinkulierung von landwirtschaftlichem Eigentum in der – allerdings inzwischen praktisch bedeutungslosen[137] – Genehmigungspflicht nach §§ 1, 2, 9 GrdstVG.

---

[130] BGHZ 98, 375 (380); *Köhne*, AgrarR 1995, 321; *Ruby*, ZEV 2006, 351 (355).

[131] Siehe Bundesministerium für Ernährung, Landwirtschaft und Verbraucherschutz (Hrsg.), Agrarbericht 2007, Übersicht 1. Danach stieg die durchschnittliche Flächenausstattung bei Betrieben mit mehr als 2 ha von 31,3 (1991) kontinuierlich auf zuletzt 48,9 ha im Jahr 2007 an.

[132] Vgl. BGHZ 112, 86 (90f.) unter Hinweis auf den Agrarbericht der Bundesregierung 1988.

[133] Im Situationsbericht 2009 prognostiziert der Deutsche Bauernbund, dass rund 23% aller Flächen im Nebenerwerb bewirtschaftet werden. Auch hier bestehen große regionale Unterschiede von 34% (Hessen) bis hin zu 13% (Schleswig-Holstein).

[134] Beispielsweise im Hinblick darauf, dass die Landwirtschaft nicht mehr allein der Sicherstellung der „Volksernährung“ dient (so noch BVerfGE 15, 337 [342]), sondern zunehmend Aufgaben im Umwelt- und Küstenschutz sowie bei der Gewinnung regenerativer Energien wahrnimmt.

[135] Dies lässt sich auch an der Genehmigungspraxis zu § 9 Abs. 2 GrdstVG ablesen. Gemäß § 9 Abs. 2 GrdstVG ist die Genehmigung zu versagen, wenn die Veräußerung Maßnahmen zur Förderung der Agrarstruktur widerspricht; dies ist anhand der jährlichen Agrarberichte zu konkretisieren (BGHZ 94, 292 [294] in st. Rspr.).

[136] Siehe BVerfGE 91, 346 (360ff.) sowie *K. Lange*, in: Röthel (Fn. 5), S. 57 (60ff., 68).

[137] Dazu sächsischer Landtag vom 14. 8. 2008, LT Drucks 4/12994: Danach fand im Jahr 2007 in 16272 Fällen eine Prüfung der Genehmigungsfähigkeit statt; die Genehmigung der Veräußerung wurde nur in zehn Fällen versagt. Ähnlich waren die Zahlen für das Jahr 2006: von 15506 Fällen wurde die Genehmigung in sieben Fällen versagt.

2. *Mögliche Reformen*

a) Zuweisungsverfahren

Die aufgezeigten Veränderungen und die gestiegenen verfassungsrechtlichen Erwartungen an Gleichgerechtigkeit und Folgerichtigkeit rechtfertigen die Sonderzuordnung landwirtschaftlicher Höfe allenfalls in Einzel- und Extremfällen. Die Entscheidung darüber könnte angemessener im Rahmen eines richterlichen Zuweisungsverfahrens nach dem Vorbild der §§ 13ff. GrdstVG, § 13 HessLandgüterO getroffen werden.[138] Dies wäre zugleich eine folgerichtige, „symmetrische" Weiterführung der Genehmigungspflicht nach dem GrdstVG. In diese Richtung haben zahlreiche europäische Rechtsordnungen entschieden, darunter Frankreich, die Niederlande, die Schweiz, Griechenland und Italien.[139] Dies hätte den Vorteil, die gesetzlichen Hoferbenordnungen mit ihren überkommenen und heute kaum noch legitimierbaren Typisierungen (Jüngstenrecht, Ältestenrecht, formlose bindende Hoferbenbestimmung) entbehrlich zu machen. Auch könnte gewährleistet werden, dass eine Hofzuweisung nur bei erwiesener Wirtschaftsfähigkeit des beantragenden Erben erfolgt.[140] Zugleich ließe sich der *Ausnahmecharakter* der richterlichen Zuweisung sicherstellen. Eine Sonderzuweisung sollte nur dort erfolgen, wo die Zurückstellung (Aufopferung) der privaten Interessen der gesetzlichen Erben dringend geboten erscheint. Dies wäre zugleich ein Beitrag zur Rechtseinheit. Angesichts der geringen zu erwartenden Fallzahlen[141] dürfte daraus kein unnötiger Rechtspflegeaufwand resultieren.[142] Auch die mit dem Zuweisungsverfahren eingehende Zeitverzögerung erscheint im Interesse der höheren Einzelfallgerechtigkeit und der größeren Akzeptanzchancen, die eine gerichtliche Entscheidung mit sich bringt, hinnehmbar.

---

[138] Dafür de lege ferenda *Windel*, S. 321; *Muscheler*, S. 112; *Köhne*, AUR 2003 Beilage II, 4 (7).

[139] Etwa Art. 832–2 frz. C.c., Art. 11ff. schw. Bundesgesetz über das bäuerliche Bodenrecht, Art. 720, 722, 846ff. ital. C.c.; näher *Kroeschell/Winkler*, Jb. AgrarR Bd. VI (2004), S. 33 (40ff.); *Krenz*, AcP 195 (1995), 361 (373ff.); dazu bereits *Coing*, 49. DJT 1972, A 53; *Rötelmann*, 49. DJT 1972, K 49f.

[140] *Windel*, S. 149, 318ff.

[141] Nach *Ruby*, ZEV 2006, 351 (352) gehen mehr als 90% der landwirtschaftlichen Betriebe bereits zu Lebzeiten über; ähnlich *Kroeschell/Winkler*, Jb. AgrarR Bd. VI (2004), S. 28 (33).

[142] Denn das Zuweisungsverfahren wird nur dann praktisch werden, wenn der Erblasser die Erbfolge weder vorweggenommen noch selbst einen Alleinerben bestimmt hat, sondern es mehrere Erben gibt, denen eine einvernehmliche Erbauseinandersetzung nicht gelingt.

b) Abfindungsprivilegien

Zweifel an der Zeitgemäßheit des geltenden Rechts bestehen auch im Hinblick auf die Abfindungs- und Bewertungsprivilegien des Hoferben.

aa) Privilegierte Abfindung weichender Erben

Die Ausgleichsansprüche weichender Erben werden derzeit entweder basierend auf einem veralteten steuerlichen Einheitswert (§ 12 Abs. 2 S. 2 HöfeO) oder aber basierend auf einem pauschalierten Ertragswert mit einem regional schwankenden Kapitalisierungsfaktor (§ 16 Abs. 1 GrdstVG, Art. 137 EGBGB)[143] berechnet. Beide Bewertungen bleiben regelmäßig erheblich hinter dem Veräußerungswert[144] und damit auch hinter der herkömmlichen Bewertungspraxis für die Bemessung von Abfindungsansprüchen bei der Nachfolge in gewerbliche Unternehmen[145] zurück.

Die darin liegende Begünstigung des Hoferben ist in doppelter Hinsicht angreifbar: im Verhältnis zu den weichenden Erben und im Verhältnis zu den Nachfolgern gewerblicher Unternehmen. Im Verhältnis zu den weichenden Erben bedeuten die geltenden Abfindungsregeln eine sowohl rechtspolitisch als auch verfassungsrechtlich[146] bedenkliche Durchbrechung der materiellen Erbrechtsgleichheit. Dies ist geradezu auffällig für die Einheitswertbemessung gemäß § 12 HöfeO. Diese Vorschrift sollte nach dem Willen des Gesetzgebers eigentlich – genauso wie bei Unternehmensbewertungen – auf eine Ertragswertbemessung hinauslaufen.[147] Die Orientierung an den steuerlichen Einheitswerten beruhte auf Praktikabilitäts- und Kostenerwägungen, denn der Gesetzgeber ging von einer regelmäßi-

[143] Siehe auch § 10 Abs. 1 BadHofgüterG; § 16 Abs. 1 HessLandgüterO; § 21 Abs. 2 HöfeO-RhPf; eine Übersicht über die zur Ausführung von Art. 137 EGBGB erlassenen Vorschriften bei *Staudinger/J. Mayer* (2005), Art. 137 EGBGB Rn. 57ff.

[144] Für die Bewertung gemäß § 12 HöfeO wird geschätzt, dass sie auf etwa 10% des Veräußerungswerts hinausläuft; so *Hasselhoff*, Rd L 1993, 266; *Staudinger/J. Mayer* (2005), Art. 135 EGBGB Rn. 134.

[145] Für die Bewertung von Abfindungsansprüchen hat es sich durchgesetzt, den Ertragswert bis zur Untergrenze des Veräußerungswerts anzusetzen. Generell stellt die Unternehmensbewertung nach ihrem Ertragswert (sog. Ertragswertmethode) derzeit (noch) den Regelfall der Unternehmensbewertung dar; näher *Hülsmann*, ZIP 2001, 450ff.; *Piltz*, Die Unternehmensbewertung in der Rechtsprechung, 3. Aufl. (1994), S. 3ff., 16ff., 136ff.; *Großfeld*, Unternehmens- und Anteilsbewertung im Gesellschaftsrecht, 4. Aufl. (2002), S. 152ff.; *Riedel*, Die Bewertung von Gesellschaftsanteilen im Pflichtteilsrecht (2006), Rn. 135ff. m.w.N.

[146] Zu den Anforderungen bereits oben, B.II.; weiter *Staudinger/J. Mayer* (2005), Art. 64 EGBGB Rn. 138ff.; *Rauscher* Bd. I/1, S. 157ff.; *Mönig* (Fn. 124), S. 179ff.

[147] Begr. RegE HöfeO 1976, BT-Drucks. 7/1443 S. 23; zur Gesetzgebungsgeschichte auch BGHZ 146, 74 (80f.).

gen Anpassung der Einheitswerte aus. Dass die gleitende Verweisung zur statischen Verweisung mutiert ist, sollte demnach kein Grund sein, heute gekünstelt nach Rechtfertigungen für die damit verbundene krasse Unterbewertung zu suchen.[148] Diese Konsequenz hat auch der BGH gezogen und § 12 Abs. 2 HöfeG folgerichtig als lückenhaft und korrekturbedürftig eingeschätzt.[149]

Es bleibt damit als eigentliche Frage, ob es noch zeitgemäß ist, bei landwirtschaftlichen Betrieben anders als bei gewerblichen Unternehmen auch dann den Ertragswert zugrunde zu legen, wenn dieser ein Vielfaches unter dem Veräußerungswert liegt.[150] Die Anknüpfung an den Ertragswert zielt auf eine aus den Weiterbewirtschaftungserträgen erwirtschaftbare Abfindung.[151] Dieses Bewertungskonzept entspricht der konservierenden Grundtendenz der landwirtschaftlichen Sondererbfolge, leidet aber an den bereits aufgezeigten Bedenken an der legitimatorischen Kraft der privaten und öffentlichen Interessen.[152] Das Steuerrecht bringt die wirtschaftliche Wahrheit des geltenden Rechts ans Licht, nämlich in Gestalt erheblicher Veräußerungsgewinne des Hoferben und erheblicher Veräußerungsverluste der weichenden Erben.[153]

Bedenklich sind die geltenden Abfindungsregeln auch im Verhältnis zur Abfindung weichender Erben bei gewerblichen Unternehmen.[154] Zwar hat das BVerfG das Landwirtschaftsprivileg im Jahr 1984 aufgrund des der Landwirtschaft eigenen „Betriebsrisikos" noch als verfassungsgemäße Gestaltungsentscheidung anerkannt.[155] Angesichts der erheblich gestiegenen Produktivität je Hektar,[156] des gewachsenen Anteils an technischem Betriebsvermögen[157] und des

---

[148] Für das Jahr 1988 ergab sich danach ein durchschnittlicher Einheitswert in den alten Bundesländern von 8836,93 DM; siehe *Jacob*, Vereinfachung der Bewertung des Grundbesitzes (1993), S. 30f.

[149] BGHZ 146, 74 (81) in Anlehnung an §§ 138ff. BewG 1996; zustimmend *Köhne*, AgrarR 2001, 165ff.; kritisch *Hartwig*, AgrarR 2002, 169ff.: unzulässige Rechtsfortbildung gegen den Zweck des Gesetzes.

[150] *Kronthaler*, Landgut, Ertragswert und Bewertung im Bürgerlichen Recht (1991), S. 8ff., 16 hat für das Jahr 1988 für die alten Bundesländer eine Differenz um das Achtfache ermittelt; ähnlich *Rauscher* Bd. I, S. 161 und *V. Hausmann* (Fn. 124), S. 174.

[151] Vgl. BVerfGE 15, 337 (342); 91, 346, (360f.).

[152] Siehe oben, C. II. 2. a.

[153] *Feldhaus*, MittRhNotK 1992, 37 (38ff.).

[154] Zweifelnd auch *Staudinger/J. Mayer* (2005), Art. 64 EGBGB Rn. 139f.

[155] BVerfGE 67, 348 (367); genauso BVerfG, NJW 1996, 1463f. zu § 19 Abs. 4 KostO.

[156] Zum Beispiel lag der Hektarertrag für Weizen um 1900 bei 18,5 Dezitonnen, im Jahr 2008 lag er bei rund 81 Dezitonnen (Deutscher Bauernverband [Hrsg.], Situationsbericht 2009, S. 16); ältere Vergleichszahlen im Agrarbericht 2007 (Fn. 131), Tabelle 6.

[157] Vgl. *Rinck*, AgrarR 1997, 399 (400).

inzwischen auf 61,7% gestiegenen Pachtanteils[158] fällt die Rechtfertigung dieser Sonderstellung der Landwirtschaft aber immer schwerer. Die Bewirtschaftung von Eigenflächen durch einen Einzelbauern mit ausschließlich agrarischer Produktion ist seltener geworden. Die starre Unterscheidung des geltenden Rechts zwischen privilegiertem Landgut und nichtprivilegiertem Gewerbebetrieb wird der Realität nicht mehr gerecht.[159] Auch hat die Natur in vielen Landwirtschaftsbereichen durch verbesserte Dünge- und Futtermittel sowie infolge der Unterglasbewirtschaftung[160] Einiges von ihrer Schicksalskraft verloren. Jedenfalls dürfte die Schicksalskraft der Natur für die deutsche Landwirtschaft nicht wirkmächtiger sein als die Schicksalskraft der Weltkonjunktur für den Erfolg anderer Branchen.[161]

Die Abfindung weichender Erben infolge landwirtschaftlicher Sonderzuweisung sollte im Interesse der Erbrechtsgleichheit[162] eine vollständige wirtschaftliche Kompensation der vorenthaltenen dinglichen Beteiligung leisten. Dabei ist dem Umstand Rechnung zu tragen, dass die Unterschiede zwischen landwirtschaftlichen und gewerblichen Unternehmen verblassen.[163] Dies spricht dafür, dieselben Bewertungsregeln anzuwenden und in beiden Fällen – der bisherigen Praxis zur Unternehmensbewertung folgend – den realen Ertragswert als regelmäßigen Verkehrswert zugrunde zu legen.[164] Die entscheidende Frage ist dann, ob der Ertragswert auch zugrunde zu legen ist, wenn er niedriger als der Veräußerungswert ist. Auch insoweit ist die pauschale Besserstellung des landwirtschaftlichen Hoferben aufzugeben. Ein Mittelweg könnte darin bestehen, dem Hofer-

---

[158] Pressemitteilung des Statistischen Bundesamtes Nr. 29 vom 22. 1. 2008.

[159] *V. Hausmann* (Fn. 124), S. 303 ff. m. w. N.

[160] De lege lata fällt auch der erwerbsgärtnerische Anbau von Blumen und Zierpflanzen in Gewächshäusern in den Anwendungsbereich der HöfeO, siehe BGHZ 134, 146 (149 f.).

[161] Zumal angesichts eines derzeitigen Subventionsvolumens zugunsten der Landwirtschaft von 10,7 Mrd. €; dies entspricht etwa 25% des gesamten Beihilfenvolumens (Quelle: Institut für Weltwirtschaft Kiel, Subventionsbericht Nr. 452/453 Mai 2008). – Im Übrigen ist auch betriebliches Vermögen nicht ohne Auswirkungen auf die Ertragskraft verfügbar; *Haas*, ZEV 2000, 249 (256). Aus diesem Grund umgekehrt für eine Erstreckung der landwirtschaftlichen Privilegien auf gewerbliche Betriebe *K. Lange*, in: Röthel (Fn. 5), S. 57 (67 ff.); ähnlich *K. Schmidt*, ebd. S. 37 ff.

[162] Dazu bereits oben, B. II sowie *Rauscher* Bd. I, S. 159 ff.

[163] Hiervon gehen auch zahlreiche ausländische Rechtsordnungen aus (z. B. Frankreich, Italien, Niederlande, Griechenland), die gemeinsame Regeln für den Übergang gewerblicher und landwirtschaftlicher Unternehmen geschaffen haben; näher *Kroeschell/Winkler*, Jb. AgrarR Bd. IV (2004), S. 33 (48 ff.).

[164] *V. Hausmann* (Fn. 124), S. 308; *Köhne*, AgrarR 1998, 155 (160 ff.); *ders.*, Landwirtschaftliche Taxationslehre, 4. Aufl. (2007), S. 781 ff.

ben gegen eine Nachabfindungspflicht[165] den Einwand des niedrigeren Ertragswerts oder aber ein Stundungsrecht einzuräumen.

bb) Privilegierte Pflichtteilslast

Eine weitere Privilegierung des Hoferben gegenüber dem Fortführer anderer werbender Vermögenseinheiten (Unternehmen) liegt darin, dass ein Landgut bei der Berechnung von Pflichtteilsansprüchen abweichend von § 2311 BGB auch dann nur mit seinem Ertragswert angesetzt wird, wenn dieser niedriger als der Veräußerungswert ist (§§ 2312 Abs. 1 S. 1, 2049 Abs. 1 BGB). Dieses Landwirtschaftsprivileg leidet heute unter denselben Erklärungsdefiziten wie die Begünstigung des Hoferben bei der Abfindung weichender Erben.[166] Es ist nicht einsichtig, warum nur den Nachfolgern in Landgüter i.S. des § 2311 BGB, nicht aber den Nachfolgern in gewerbliche Unternehmen oder sonstige landwirtschaftliche Betriebe[167] Abschläge von der Pflichtteilslast zugute kommen. Auch das BVerfG hat eine Erklärung über öffentliche, agrarstrukturelle Erhaltungsinteressen eher vermieden.[168] Das dann noch verbleibende private Erhaltungsinteresse ist aber für landwirtschaftliche und gewerbliche Betriebe im Grundsatz gleichermaßen schutzwürdig. Immerhin hat das BVerfG bereits im Jahr 1984 die Verfassungsmäßigkeit landwirtschaftlicher Bewertungsprivilegien im Hinblick auf Art. 3 Abs. 1 GG und Art. 6 Abs. 1 GG als unverhältnismäßige Verschiebung der „Opfergrenze" in Frage gestellt.[169] Angesichts der geschilderten Veränderungen der landwirtschaftlichen Verhältnisse müssen wir diese Frage heute eher noch akzentuierter stellen. Diese Ungleichbehandlungen werbender Vermögenseinheiten sollten im Interesse der Gleichgerechtigkeit der Erbrechtsordnung aufgegeben werden.[170]

---

[165] Vgl. § 13 HöfeO (Nachabfindung bei Veräußerung während 20 Jahren); § 17 GrdstVG (15 Jahre); analoge Anwendung im Geltungsbereich des BGB-Landguterbrechts abgelehnt von BGHZ 98, 382 (388). De lege ferenda wäre auch eine unbeschränkte Nachabfindungspflicht zu überlegen.

[166] Oben C.II. 2. b aa; zweifelnd auch MünchKommBGB/*K. Lange*, § 2312 Rn. 1; *ders.*, in: Röthel (Fn. 5), S. 57 (67 ff.); *Bamberger/Roth/J. Mayer*, 2. Aufl. (2008), § 2312 Rn. 2.

[167] Zum Anwendungsbereich des § 2312 BGB *Bamberger/Roth/J. Mayer* (Fn. 166), § 2312 Rn. 7 ff.

[168] Siehe BVerfGE 91, 346 (361); wie hier *Bamberger/Roth/J. Mayer* (Fn. 166), § 2312 Rn. 2; *K. Lange*, in: Röthel (Fn. 5), S. 57 (59 ff.); für einen Vorrang des privaten Erhaltungsinteresses vor öffentlichen Erhaltungsinteressen *Staudinger/Haas*, § 2312 Rn. 2 a.

[169] BVerfGE 67, 348 (368) zu § 1376 Abs. 4 BGB.

[170] Regelungsvorschlag bei *Rauscher* Bd. II/2, S. 194; vgl. auch MünchKommBGB/*K. Lange*, § 2312 Rn. 1; *Bamberger/Roth/J. Mayer* (Fn. 166), § 2312 Rn. 2; *Martiny*, 64. DJT 2002, A 113.

III. Sonderzuordnung von Beteiligungen an Personengesellschaften

1. Befund

Während die Rechtsentwicklung im Höferecht von einer spezialgesetzlichen Sondererbfolge ausging und heute eher in das BGB-Erbrecht zurückgeführt werden muss, liegen die Dinge bei der Nachfolge in Beteiligungen an Personengesellschaften (GbR, oHG, KG) gerade umgekehrt: Ein besonders ausgeprägtes Unternehmenserbrecht wurde weder vorgefunden noch vom BGB-Gesetzgeber selbst ausgeprägt, obwohl die Fragestellung bekannt war[171] und zwischenzeitlich weiter an wirtschaftlicher Bedeutung gewonnen hat. Die entscheidenden konstruktiven und materiellen Weichenstellungen gehen hier auf die Rechtsprechung zurück, die sowohl eine Singularnachfolge durch automatisches Anteilssplitting[172] als auch eine Sondererbfolge[173] in den Anteil des Erblassers annimmt. Dieser richterlichen Rechtsfortbildung wird inzwischen gewohnheitsrechtliche Geltung zugesprochen.[174] Ihre hohe Akzeptanz beruht entscheidend darauf, dass nur die Mitgliedschaft, nicht das Beteiligungsvermögen gesondert zugeordnet wird: Die Sondernachfolge derogiert nicht die Ordnung der Nachlassbeteiligung weichender Erben[175] und Pflichtteilsberechtigter. Der Tribut des Erbrechts an das Gesellschaftsrecht beschränkt sich – anders als derzeit noch im Höferecht – auf die Mitgliedschaft.[176] Gleichwohl sollte nicht übersehen werden, dass hier sinnvolle Ergebnisse jenseits dogmatischer Notwendigkeit und gesetzlicher Grundlage judiziert werden.[177]

---

[171] Vgl. RGZ 16, 40ff. zu Art. 123 Nr. 2 ADHGB.

[172] St. Rspr. seit RGZ 16, 40 (56); BGHZ 22, 186 (192f.); 68, 225 (237); 91, 132 (135); 108, 187 (192); zustimmend *Windel*, S. 132ff.; *K. Schmidt*, Gesellschaftsrecht, 4. Aufl. (2002), § 45 V 4 (S. 1339f.) jeweils m. w. N.; zweifelnd *Lange/Kuchinke*, § 5 VI 1 (S. 127 Fn. 272); *Muscheler*, S. 58, 112; a. A. *Weipert*, in: FS für Bezzenberger (2000), S. 439ff.

[173] BGHZ 68, 225 (237f.); BFH ErbBstg 2006, 4; BFH, ZEV 2003, 298; zustimmend *Windel*, S. 150ff.; *Brox/Walker*, Rn. 791f.; *K. Schmidt* (Fn. 172), § 45 V (S. 1345f.) jeweils m. w. N.

[174] *Rüthers*, AcP 168 (1968), 263 (276); *Brox/Walker*, Rn. 790.

[175] BGHZ 68, 225 (237ff.).

[176] *Wiedemann*, Die Übertragung und Vererbung von Mitgliedschaftsrechten bei Handelsgesellschaften (1965), S. 207; *Westermann*, JuS 1979, 761 (767).

[177] Kritisch auch *Staudinger/Werner*, vor §§ 2032ff. Rn. 25, 27; *Westermann*, JuS 1979, 761 (765ff.); *Marotzke*, AcP 184 (1984), 541 (551ff.).

2. *Mögliche Reformen*

a) Ausgestaltung der Sonderzuordnung

Erbrechtliche Bedenken an dieser Sonderzuordnung der Mitgliedschaft über Singular- und Sondererbfolge richten sich einerseits gegen die Prämisse, dass eine Erbengemeinschaft nicht Mitglied einer Personengesellschaft sein könne.[178] Andererseits wird vorgetragen, dass sich das Ziel der Sondererbfolge auch über Teilungsanordnungen oder Auflagen gestalten lasse.[179] Allerdings lässt sich aus dem geltenden Regelungsbestand weder ein zwingender Vorrang des Erbrechts noch ein zwingender Vorrang des Gesellschaftsrechts ableiten. Die Sonderzuordnung der Mitgliedschaft lässt sich nur begründen als folgerichtige Weiterführung der Rechtsmacht der Gesellschafter, privatautonom über den Kreis der Gesellschafter und das Schicksal der Gesellschaft zu entscheiden.[180] Es ist weder eine günstige Beurteilung von Sondervermögen noch eine generelle Bevorzugung werbender Wirtschaftseinheiten, sondern allein die erbrechtliche Weiterführung des gesellschaftsrechtlich anerkannten Gesellschafterwillens, die die Sonderzuordnung von personal geprägten Mitgliedschaften auch heute noch trägt und sich mit Praktikabilitätsargumenten trifft. Die damit verbundene Höherbewertung der Gesellschafterinteressen gegenüber den Interessen der weichenden Erben kann hingenommen werden, da sich der Vorrang des Gesellschaftsrechts nur auf die Zuordnung der Mitgliedschaft, nicht aber auf die Wertbeteiligung der Erben bezieht. Dies entspricht dem erklärten Anliegen der Rechtsprechung, bei der Gestaltung der Nachfolge in Personengesellschaften „höferechtlichen Tendenzen im Gesellschaftsrecht" entgegenzuwirken.[181]

Die Nachfolge in Personengesellschaften ist in besonderer Weise auf verlässliches Recht angewiesen.[182] Wirksame Nachfolgeplanung setzt Abstimmungen mit dem Gesellschafterkreis und der Unternehmerfamilie sowie zwischen Gesellschaftsvertrag und letztwilligen Verfügungen voraus. Rechtssicherheit liegt im Wirtschaftsinteresse

---

[178] *Lange/Kuchinke*, § 5 VI 1 (S. 127 Fn. 272); *Jäkel*, Die Rechtsfähigkeit der Erbengemeinschaft und ihre Beteiligungsfähigkeit an Personengesellschaften (2007); zweifelnd *Muscheler*, S. 58, 112.

[179] *Muscheler*, S. 115.

[180] So etwa *Rüthers*, AcP 168 (1968), 262 (276ff.); *Windel*, S. 150; *Rauscher* Bd. II/2, S. 197ff.; kritisch *Muscheler*, S. 113ff.

[181] BGHZ 68, 225 (239); dazu *Marotzke*, AcP 184 (1984), 541 (552ff.); *Reuter*, AcP 181 (1981), 1 (22ff.); *ders.*, ZGR 1991, 461 (475f.).

[182] Hierfür bereits *Leipold*, AcP 180 (1980), 160 (210).

der Gesellschaft und erhöht die Chancen auf familiär getragene Nachfolgeentscheidungen. Daher sollte die richterrechtlich gefestigte Bewältigung der Nachfolge in Personengesellschaften langfristig gesetzlich klargestellt werden.[183]

b) Abfindung der weichenden Erben

Über die grundsätzliche Ausgleichspflichtigkeit eines über die Erbquote hinausgehenden Mehrerwerbs besteht Einigkeit.[184] Nur die Rechtsgrundlage ist unsicher: Manche stützen den Ausgleichsanspruch auf § 1978 BGB,[185] andere auf §§ 2050ff. BGB,[186] auf § 242 BGB[187] oder schließlich auf offene Rechtsfortbildung.[188] Hier sollte ein gesetzliches Leitbild ausgeprägt werden. Klarstellungen sind insbesondere zugunsten der Gleichordnung der Kinder wünschenswert. Zwar wird die Ausgleichspflicht nur dann bedeutsam, wenn dem Erblasser die Abstimmung der Nachfolge mit der letztwilligen Verfügung durch Zuwendung einer ausreichenden Erbquote oder

---

[183] Aus systematischen Gründen sollte dies im Gesellschaftsrecht und nicht im Erbrecht erfolgen. Ein Einweisungs- oder Zuweisungsverfahren ist hier – anders als für landwirtschaftliche Höfe – nicht empfehlenswert; dazu bereits *Coing*, 49. DJT 1972, A 37; *Schippel*, 49. DJT 1972, K 58 gegen *Reichert-Facilides*, 49. DJT 1972, A 70 und *Krenz*, AcP 195 (1995), 361 (384ff., 388ff.). Zugleich sollte klargestellt werden, dass die Sonderzuordnung weder die Zugehörigkeit zum Nachlass beendet (BGHZ [IVa. ZS] 98, 48 [53f.]; 108 (II. ZS), 189 [192]; BGH [IV. ZS], NJW 1996, 1284 [1285]) noch eine Nachlassteilung bedeutet; näher *Ulmer/Schäfer*, ZHR 160 (1996), 413 (424ff.); *Muscheler*, Die Haftungsordnung der Testamentsvollstreckung (1994), S. 489f.; *Siegmann*, Personengesellschaftsanteil und Erbrecht (1991), S. 216ff.; a.A. *Westermann*, AcP 173 (1973), 24 (28f.); für ipso iure vollzogene Teil-Auseinandersetzung *K. Schmidt* (Fn. 172), § 45 V 4a, 5c (S. 1340, 1346). Zur Wahrung der Haftungsfunktion (hervorgehoben von BGHZ 98, 48 [54]) ist die Mitgliedschaft so weit als möglich dem gebundenen Nachlass zuzuordnen. Nachlassteilung setzt daher auch dann, wenn der Anteil den wesentlichen Nachlass ausmacht, eine „Wahrnehmung" des Anteils voraus; ähnlich *Ulmer/Schäfer*, ZHR 160 (1996), 413 (427). Auch mit Blick auf die Testamentsvollstreckung sollte die funktionale Zuordnung der Mitgliedschaft zum Nachlass beibehalten werden; etwa betont von BGHZ 98, 45 (54f.); 108, 187 (192); BGH, NJW 1996, 1284 (1285); MünchKommBGB/*Leipold*, § 1922 Rn. 65f.; *Dauner-Lieb*, Unternehmen in Sondervermögen (1998), S. 298ff.; im Einzelnen MünchKommHGB/*K. Schmidt*, 2. Aufl. (2006) § 139 HGB Rn. 45ff.; MünchKommBGB/*Ulmer*, 5. Aufl. (2009), § 705 Rn. 109ff.; HGB-GK/*Schäfer*, 4. Aufl. (2004), § 139 Rn. 57ff. sowie *Ulmer/Schäfer*, ZHR 160 (1996), 423 (439ff.) jeweils m.w.N.

[184] De lege ferenda bereits *Coing*, 49. DJT 1972, A 37; statt aller *Staudinger/Marotzke*, § 1922 Rn. 183f. m.w.N.; die Gegenansicht von *Zunft*, NJW 1957, 1129 (1132f.) ist vereinzelt geblieben.

[185] *Erman/Westermann*, § 727 Rn. 12; *Westermann*, JuS 1979, 761 (769).

[186] MünchKommBGB/*Gergen*, § 2032 Rn. 60; *Brox/Walker*, Rn. 794.

[187] So wohl BGHZ 68, 225 (238f.).

[188] *Windel*, S. 272ff.

ergänzende Vermächtnisse nicht gelungen ist.[189] Daher wird auch die eigentlich entscheidende Frage nach der Bewertung des Gesellschaftsanteils bislang vor allem für den Pflichtteilsanspruch diskutiert.[190] Gleichwohl sollte, wenn die Ausgleichspflicht normiert wird, zugleich eine Zweifelsregel für die Bewertung des Gesellschaftsanteils ausgeprägt werden. Auch in der Frage der Bewertung sollten die beobachtbaren Konvergenzen von landwirtschaftlichen und gewerblichen Unternehmen zu einer Gleichordnung führen. Unbeschadet der für die Bewertung der Hoferbenabfindung bestehenden Bedenken wäre eine Übertragung des Regelungsgehalts von § 2049 BGB nahe liegend. Zwar finden sich in der Praxis noch immer Abfindungen unterhalb des Verkehrswerts.[191] Doch sollte für das dispositive Recht am gesetzlichen Leitbild der Erbrechtsgleichheit (vgl. § 1924 Abs. 4 BGB) festgehalten werden.

IV. Vertrag zugunsten Dritter auf den Todesfall

1. Befund

Die Sondernachfolge durch Vertrag zugunsten Dritter auf den Todesfall (§§ 328, 331 BGB) wird zunehmend kritisch gesehen.[192] Anders als bei der Nachfolge in Personengesellschaftsanteile ist der Rechtsprechung hier keine materielle Reintegration in die Universalsukzession gelungen. Vielmehr gilt der Vertrag zugunsten Dritter auf den Todesfall in der Rechtsprechung als eine Gestaltungsmöglichkeit, die dem Erblasser „neben den Verfügungen von Todes wegen offen steht".[193] Der dazu nötige lebzeitige Erwerbsgrund wird in einer formlosen, durch späteren Vollzug geheilten Schenkung unter

---

[189] Denkbar ist ein Wertvermächtnis gerichtet auf Befreiung von der Pflicht zur Abfindung der Miterben oder ein Vorausvermächtnis zugunsten des Sondererben in Höhe des Wertes des Gesellschaftsanteils; zu den haftungsrechtlichen Schwachstellen dieser Vermächtnislösungen *Windel*, S. 307ff.

[190] *Ulmer*, ZGR 1972, 324 (343ff.); *K. Schmidt*, in: Röthel (Fn. 5), S. 37ff.

[191] Die in den 1980er Jahren noch verbreiteten Buchwertklauseln (vgl. *Hennerkes/May*, NJW 1988, 2761 [2766]) unterliegen seit den 1990er Jahren deutlicheren Gestaltungsgrenzen; siehe BGHZ 116, 359 (368) und die entsprechend veränderten Empfehlungen der Kautelarpraxis, dazu näher *Blaum/Scholz*, in: Hoffmann-Becking/Rawert (Hrsg.), Beck'sches Formularbuch Bürgerliches, Handels- und Wirtschaftsrecht, 10. Aufl. (2010), Form. VIII. C. 3., Anm. 7.

[192] MünchKommBGB/*Leipold*, § 1922 Rn. 132; *Staudinger/Otte*, vor § 1922 Rn. 141; *Windel*, S. 61ff., 162ff., 428ff.; *Muscheler*, S. 122ff.; siehe auch schon *Coing*, 49. DJT 1972, A 53.

[193] BGH, NJW 1984, 480 (481).

Lebenden gesehen, die nicht § 2301 BGB unterliegen soll, sondern auch noch nach dem Tod des Versprechensempfängers zustande kommen kann (§§ 518 Abs. 2, 130 Abs. 2, 153, 151 BGB).[194] Auf diesem Weg werden heute wirtschaftlich beachtliche Vermögensbestandteile, insbesondere Versicherungs- und Sparvermögen sowie Wertpapierdepots, am Nachlass „vorbei gesteuert". Dabei liegt die Vermutung nahe, dass der historische Gesetzgeber bei der Entscheidung für § 331 BGB weder dessen heutige wirtschaftliche Bedeutung noch die Folgen der §§ 130 Abs. 2, 153 BGB vor Augen hatte.[195] Die Privilegierung von Lebensversicherungen gegenüber Erben und Nachlassgläubigern wurde allerdings bereits Ende des 19. Jh. eher günstig beurteilt.[196]

Die gestiegene wirtschaftliche Bedeutung solcher Verträge[197] lässt die Unsicherheiten über ihre rechtliche Einordnung besonders scharf hervortreten. Der Rechtsprechung ist zwar eine gesetzesnahe Ausfüllung von § 331 BGB durch die §§ 518ff. BGB gelungen. Jede Anwendung erbrechtlicher Vorschriften wird konsequent abgelehnt.[198] Auch hat sich die Praxis auf die damit verbundenen Unsicherheiten, insbesondere die Widerruflichkeit des Schenkungsversprechens durch die Erben, eingestellt.[199] Geblieben sind aber die Bedenken an der inneren, wertungsmäßigen Abstimmung mit den letztwilligen Verfügungen.[200] Denn Verträge zugunsten Dritter auf den Todesfall bewirken nach überwiegendem Verständnis eine Sondernachfolge[201]

---

[194] Siehe nur BGH, ZEV 2008, 392ff.; BGHZ 165, 350 (353ff.).

[195] § 153 BGB war dem gemeinen Recht weitgehend unbekannt; vgl. Mot. I, 175.

[196] Siehe bereits *Malß* und *Elster*, 16. DJT 1882, S. 161ff.; 200ff.; *G. Hager*, in: FS für von Caemmerer (1978), S. 127 (128ff.).

[197] Zwischen den Jahren 1975 und 2008 hat sich das versicherte Vermögen in Lebensversicherungen verzehnfacht, und der Anteil von Versicherungen am Geldvermögen der privaten Haushalte ist im selben Zeitraum von annähernd zehn auf inzwischen 15% gestiegen; davon macht die Lebensversicherung etwa 2/3 aus (*Buttenböck/Wolgast*, Die Geldvermögensbildung der privaten Haushalte bei Lebensversicherungen, in: GDV Volkswirtschaft Ausgabe 3/2005, Tabelle 3). Im Jahr 2008 verzeichnete der Gesamtverband der Deutschen Versicherungswirtschaft (GdV) insgesamt 92,84 Mio. Lebensversicherungsverträge mit einem Gesamtversicherungsvolumen von 2502 Mrd. €.

[198] BGH, NJW 2008, 2702 (2703); BGHZ 157, 79 (85f.): §§ 2078ff. BGB nicht anwendbar; BGHZ 128, 125 (132): § 2077 BGB nicht anwendbar; BGHZ 66, 8 (14): § 2289 Abs. 1 S. 2 BGB nicht anwendbar.

[199] Zu den kautelarjuristischen Hilfskonstruktionen zur Vermeidung des Widerrufsrechts etwa *Gubitz*, ZEV 2006, 333ff.; *Muscheler*, WM 1994, 921 (930ff.); Überblick bei *Staudinger/Jagmann* (2009), § 331 Rn. 22f.

[200] Eingehend *Rauscher* Bd. II/2, S. 311ff.; Bedenken auch bei BGHZ 66, 8 (12f.).

[201] *Hoffmann*, AcP 158 (1959/1960), 178 (194ff., 198); *Finger*, JuS 1969, 309ff.; de lege ferenda *Staudinger/Kanzleiter*, § 2301 Rn. 42.

und bedeuten damit einen privilegierten Erwerb.[202] Diese Bedenken ließen sich durch materielle Reintegration in die Universalsukzession überwinden, etwa indem der Erwerb aufgrund Vertrags zugunsten Dritter auf den Todesfalls als vermächtnisgleicher Erwerb verstanden wird.[203]

2. *Mögliche Reformen*

a) Erstreckung der Versorgungsprivilegien

Ungeachtet aller aufgezeigten Zweifelsfragen besteht ganz überwiegend Einvernehmen darüber, dass der *Versorgungszweck* die Sondernachfolge in Lebensversicherungen rechtfertigt.[204] Die Lebensversicherung wird als materieller Sonderfall verstanden, deren Besonderheiten die Überwindung der erbrechtlichen Formen[205] und die Privilegierung gegenüber Nachlassgläubigern und im Einzelfall auch gegenüber Pflichtteilsberechtigten legitimieren.[206] Dies steht im Einklang mit ausländischen Rechtsentwicklungen.[207] Im Interesse der Gleichgerechtigkeit und Folgerichtigkeit[208] der erbrechtlichen Institutionen kann es aber nicht überzeugen, dass die privilegierte Sondernachfolge an eine bestimmte Konstruktion – den Vertrag zugunsten Dritter auf den Todesfall – geknüpft ist. Soll die Nachfolge in Versorgungsvermögen aufgrund des Versorgungszwecks privilegiert werden, bedarf dieser Gedanke einer gleichmäßigeren Entfaltung.

b) Abgrenzung von lebzeitigen und letztwilligen Zuwendungen

Die Grauzonen des geltenden Rechts werden von der Kautelarpraxis tendenziell zugunsten des Schenkungsrechts ausgeschöpft.

[202] Abgesehen vom Formprivileg resultiert die Privilegierung in der unterschiedlichen Rechtsstellung des Erwerbers gegenüber Vertragserben (§ 2287 BGB anstelle von § 2289 Abs. 1 S. 2 BGB), Pflichtteilsberechtigten (§§ 2325, 2329 BGB anstelle von §§ 2303, 2311, 2318, 2330 BGB) und Nachlassgläubigern (Anfechtung gemäß § 3 Abs. 1, 11 AnfG, §§ 129, 134 InsO).

[203] Dafür *Windel*, S. 428 ff., 434 ff.; *Harder*, Zuwendungen unter Lebenden auf den Todesfall (1968), S. 143 ff.; *Kipp/Coing*, § 81 V 2.; abgeschwächt *Lange/Kuchinke*, § 33 V 3 (S. 469); für ein lebzeitiges Erwerbsverständnis aber *Leipold*, Rn. 580 a; *ders.*, ZEV 2008, 395 (396); *Bayer*, Der Vertrag zugunsten Dritter (1995), S. 323 ff.

[204] Für eine Sondernachfolge nur in Versicherungsvermögen *Muscheler*, S. 128 f.; differenzierend auch *G. Hager* (Fn. 196), S. 127 (143 ff.); siehe weiter *Rauscher* Bd. II/2, S. 328 ff.

[205] Siehe aber das Schriftformerfordernis in § 12 Abs. 1 ALB.

[206] Eingehend *Rauscher* Bd. II/2, S. 334 ff. m. w. N.

[207] Überblick bei *G. Hager* (Fn. 196), S. 127 (137 ff.).

[208] Siehe oben, B. II. 2. a.

Mancher Erblasser schätzt die Möglichkeit „heimlicher“ Zuwendung. Die Erfahrung lehrt allerdings auch, dass die Abstimmung mit letztwilligen Verfügungen nicht immer gelingt.[209] Beide Einsichten sprechen für eine Gleichordnung von lebzeitigen und letztwilligen Zuwendungen im Hinblick auf die Erwartungen an bedachte und verantwortete Entscheidungen.[210] Auch sollten lebzeitige und letztwillige Zuwendungen unabhängig von der Rechtsnatur des Zugewandten (Bezugsberechtigung, Wertpapierdepot, Guthaben etc.), sondern inhaltlich, also mit Blick auf die Interessen von (Vertrags-) Erben, Pflichtteilsberechtigten und Nachlassgläubigern, geordnet werden.[211]

Die damit verbundenen Einzelfragen können hier nur angedeutet werden. Eine Reform des § 2301 BGB sollte zunächst die Tauglichkeit der Überlebensbedingung in § 2301 Abs. 1 BGB überprüfen. In der Praxis hat sich ohnehin ein weites, untechnisches Verständnis der Überlebensbedingung durchgesetzt.[212] De lege ferenda wird dafür plädiert, auf dieses Kriterium ganz zu verzichten, da es für letztwillige Verfügungen nur eine Selbstverständlichkeit, für lebzeitige Schenkungen aber keine abschließende Negativabgrenzung leistet.[213] Im Übrigen wäre zu entscheiden, ob die Abgrenzung anhand der lebzeitigen Bindung des Schenkers und/oder anhand des dinglichen Vollzugs (Ausscheiden aus dem Nachlass) erfolgen soll. Das zweite Kriterium, das § 2301 Abs. 2 BGB zugrunde liegt, dürfte aus materialen und praktischen Gründen vorzuziehen sein, etwa nach dem Vorbild von § 956 ABGB.[214] Entscheidet man sich dafür, eine Schenkung i.S. der §§ 516ff. BGB nur bei *vollständiger* lebzeitiger Erfüllung anzunehmen,[215] könnte sich § 2301 BGB ganz erübrigen, und es würde eine Klarstellung bei § 518 BGB genügen.[216]

---

[209] Vgl. *J. Mayer*, DNotZ 2000, 905 (927f.); *Liessem*, MittRhNotK 1988, 29 (41f.).

[210] Siehe oben, B. II. 1. b bb sowie B. III. 2. a.

[211] Über dieses Reformziel besteht weithin Einigkeit; siehe nur *Lange/Kuchinke*, § 33 II (S. 747); *Rauscher* Bd. II/2, S. 252ff.; *Staudinger/Otte*, vor § 1922 Rn. 141; MünchKommBGB/*Leipold*, vor § 1922 Rn. 55; *Muscheler*, S. 119ff.

[212] Insbesondere BGHZ 99, 97ff.

[213] *Rauscher* Bd. II/2, S. 268ff.; *Leipold*, JZ 1987, 362 (364); *Staudinger/Kanzleiter*, § 2301 Rn. 13; *Muscheler*, S. 120; kritisch auch *Windel*, S. 343ff.: Wirkungsaufschub als entscheidendes Kriterium.

[214] Näher zu § 956 ABGB *Koziol/Welser*, Grundriß des bürgerlichen Rechts, Bd. II, 11. Aufl. (2000), S. 485ff.; rechtsvergleichend *Henrich*, in: FS für Firsching (1985), S. 111ff.

[215] Etwa *Windel*, S. 350ff. Bleibt man in den Kategorien der dinglichen Rechte des BGB, sollte die Einräumung eines Anwartschaftsrechts nicht genügen; anders de lege lata die ganz überwiegende Auffassung, etwa *Olzen*, Die vorweggenommene Erbfolge (1984), S. 131ff.; MünchKommBGB/*Musielak*, § 2301 Rn. 19 m. w. N.

[216] Siehe den Vorschlag von *Rauscher* Bd. II/2, S. 307 zu § 518a BGB n.F.: „Auf eine Schenkung, deren vollständige Erfüllung auf den Tod des Schenkers aufschiebend

V. Vonselbsterwerb und Ausschlagung

1. Befund

Der deutsche Gesetzgeber hat sich in §§ 1922, 1942 Abs. 1 BGB für den sog. Vonselbsterwerb der Erbschaft entschieden. Andere Rechtsordnungen machen den Erwerb der Erbschaft von einer Willensäußerung des Berufenen abhängig (sog. Antrittserwerb), ggf. verbunden mit einer gerichtlichen Einweisung[217] oder der Zwischenschaltung eines Treuhänders.[218] Die Einschätzung des historischen Gesetzgebers zu den Vorzügen des Vonselbsterwerbs[219] ist nach wie vor zeitgemäß. Es handelt sich um einen klaren, praktikablen sowie kosten- und bürokratievermeidenden Erwerbsmodus.[220] Auch die Regelvermutung zugunsten der Erbschaftsannahme wird noch immer der Lebenswirklichkeit entsprechen.

2. Mögliche Reformen

Zu überlegen ist aber eine Stärkung des Ausschlagungsrechts durch Verlängerung der kurzen, derzeit nicht abdingbaren Frist von sechs Wochen (§ 1944 Abs. 1 BGB).[221] Im praktischen Regelfall, also dem Übergang eines durchschnittlich zusammengesetzten Nachlasses im engsten Familienkreis,[222] erscheint die Frist als Entscheidungsfrist ausreichend bemessen, wenn es auf sie überhaupt ankommt. Bei komplexerer Nachlasszusammensetzung und Nachlasswidmung kann es schwer fallen, innerhalb von sechs Wochen eine informierte Entscheidung zu treffen. Hier kann der aus der Fristkürze und der Form- und Kostenpflichtigkeit (§§ 1945 Abs. 1 Hs. 2

---

bedingt oder befristet ist, finden die Vorschriften über Verfügungen von Todes wegen Anwendung."

[217] §§ 547, 797, 799, 819 österr. ABGB.

[218] Art. 768 ff. frz. C. c.; Art. 459, 470 ff. ital. C. c.; näher *Muscheler*, S. 67 ff.

[219] Zu den Regelungsmotiven Mot. V, 486 f.; *Mertens* (Fn. 92), S. 29 f. Für den Vonselbsterwerb auch 13. DJT 1876, Bd. 2, S. 138–171, 415–421 („Soll in dem gemeinsamen bürgerlichen Gesetzbuch für Deutschland bestimmt werden, dass der Erbschaftserwerb ipso iure eintrete?"), gegen die Gutachten von *Mommsen* (S. 13 ff.), *Jung* (S. 22 ff.) und *Randa* (S. 198 ff.): Willenserklärung des Berufenen erforderlich.

[220] Nachdrücklich *Muscheler*, S. 242 ff.; *Staudinger/Otte*, § 1942 Rn. 3; MünchKommBGB/*Leipold*, § 1942 Rn. 3.

[221] Kritik auch bei *Strätz*, DNotZ 2001, 452 (453).

[222] Zum typischen Erbfall siehe oben, B. I. 1. (Fn. 13).

BGB, §§ 45 Abs. 1, 112 Abs. 1 Nr. 2 KostO) resultierende faktische Annahmedruck[223] auch kontraproduktiv wirken: Erstens erhöht sich bei komplexerer Nachlasszusammensetzung das Anfechtungsrisiko, etwa wegen Irrtums über die Zusammensetzung des Nachlasses (§§ 1954, 119 Abs. 2 BGB). Und zweitens steigt das Umgehungsrisiko: Beratene Erben können durch gezielten Auslandsaufenthalt während der Verkündung der Verfügung von Todes ihre Ausschlagungsfrist auf sechs Monate verlängern (§ 1944 Abs. 3 BGB).[224]

Eine Stärkung des Ausschlagungsrechts empfiehlt sich auch wegen der Bedeutsamkeit der Ausschlagung für die Autonomie des Erben. Das Ausschlagungsrecht ist das zentrale Gestaltungsrecht des Erben.[225] Ohne das Ausschlagungsrecht ließen sich die mit der Rechtsnachfolge verbundenen Lasten nicht rechtfertigen. Dies gilt insbesondere für letztwillige Verfügungen, die den Erben in eine weiterwirkende Vermögensherrschaft einbinden (Bedingungen, Teilungs- und Vollstreckungsanordnungen).[226] Das Ausschlagungsrecht des Erben vermittelt der Gestaltungsmacht des Erblassers die nötige Legitimation. Diese Legitimation wird zweifelhaft, wenn der Erbe in unüberlegte und überstürzte Entscheidungen gedrängt wird. Faktischer Annahmedruck sollte vermieden werden. Informierte und bedachte Erbenentscheidungen sind höher zu bewerten als vordergründige Gewinne an Praktikabilität und Rechtssicherheit. Der Erbe sollte daher die Möglichkeit einer Fristverlängerung erhalten. Möglich wäre eine Regelung ähnlich § 1995 Abs. 3 BGB für die Inventarfrist. Dabei könnte in Anlehnung an § 1944 Abs. 3 BGB eine Höchstfrist von sechs Monaten vorgesehen werden.

---

223 Siehe *Muscheler*, S. 166 ff.: „gesetzlicher Sog in die Annahme".

224 Es genügt einfacher Aufenthalt; siehe nur MünchKommBGB/*Leipold*, § 1944 Rn. 24.

225 Betont etwa von *Muscheler*, S. 178 ff.; ähnlich *Kroppenberg*, Privatautonomie von Todes wegen (2008), S. 200 ff.

226 Dazu noch unten, F. II.

D. Gesetzliche Erbfolge

Die gesetzliche Erbfolge (§§ 1924ff. BGB) hat seit Inkrafttreten des BGB drei wesentliche Änderungen erfahren: die Stärkung des gesetzlichen Erbrechts des Ehegatten (§ 1371 BGB), die Gleichstellung nichtehelicher Kinder und die Einführung eines gesetzlichen Erbrechts eingetragener Lebenspartner (§ 10 LPartG). Der historische Gesetzgeber hat die gesetzliche Erbfolge an die Spitze des Fünften Buchs gestellt in der Vorstellung, dass sie den praktischen Regelfall bilden würde.[227] Daran hat sich nichts geändert; nach wie vor gilt für die meisten Erbfälle die gesetzliche Erbfolge, weil überhaupt nicht oder nicht abweichend testiert wird.[228] Darüber hinaus fungiert die gesetzliche Erbfolge über das Pflichtteilsrecht als inneres Leitbild für familiäre Teilhabe. Damit nimmt die gesetzliche Erbfolge nach wie vor eine herausragende Stellung im Konzept des deutschen Erbrechts ein.

Der Juristentag hat sich bereits mehrfach mit der gesetzlichen Erbfolge befasst. Im Anschluss an das Gutachten von *Coing*[229] sprach sich der Juristentag im Jahr 1972 für eine güterstandsunabhängige Erhöhung des gesetzlichen Erbrechts des Ehegatten und für eine Begrenzung der gesetzlichen Erbfolge aus.[230] Beide Anliegen bestimmen seitdem die Reformdiskussion. Ein weiteres Dauerthema ist die Frage nach einem gesetzlichen Erbrecht des nichtehelichen Lebensgefährten. Die dahinter stehende Frage, ob insoweit die Statusorientierung des geltenden Rechts aufzugeben sei, ist aber bereits mehrfach auf dem Juristentag diskutiert worden und soll hier daher ausgespart bleiben.[231]

---

[227] Keine Entscheidung über den Vorrang eines Delegationsgrundes: Mot. V, 2.

[228] Zur Testierquote bereits oben, B. I. 1. (Fn. 15).

[229] *Coing*, 49. DJT 1972, A 37ff., A 41ff.

[230] Beschluss Nr. 2 (gesetzliches Verwandtenerbrecht nur bis zur dritten Ordnung), Beschluss Nr. 8 (gesetzliche Erbquote des Ehegatten von ½ neben Abkömmlingen), 49. DJT 1972, K 165.

[231] Zuletzt *Dethloff*, 67. DJT 2008, A 35ff., A 131ff. und Beschlüsse Nr. IV 1, 2 (Bd. II/1, I 67f.). Der 57. DJT 1988 hatte die Einführung eines gesetzlichen Erbrechts abgelehnt, aber eine dem Voraus entsprechende Regelung empfohlen (57. DJT 1988, Beschluss Nr. 11a und b, Bd. II, I 235f.); de lege ferenda für ein gesetzliches Erbrecht insbesondere *Rauscher* Bd. II/1, S. 229ff.; dazu bereits *Röthel*, in: Lipp/Röthel/Windel (Fn. 48), S. 109ff., zum Pflichtteilsrecht des nichtehelichen Lebensgefährten *Martiny*, 64. DJT 2002, A 97f.

I. Erbrecht des Ehegatten und eingetragenen Lebenspartners

1. Befund

In der europäischen Rechtsentwicklung zeichnet sich eine *Tendenz* von der vertikalen *zur horizontalen Erbfolge* ab.[232] In jüngerer Zeit haben in diese Richtung die Schweiz,[233] Dänemark,[234] die Niederlande[235] und Frankreich[236] entschieden. Dieselbe Tendenz zeichnet sich in der englischen,[237] schottischen,[238] australischen[239] und in der US-amerikanischen Rechtsentwicklung[240] ab. Die Tendenz geht

[232] Überblick bei *Kroppenberg*, Erbfolge, in: Basedow/Hopt/R. Zimmermann (Fn. 72), S. 409 (412f.); *Henrich* (Hrsg.), Familienerbrecht und Testierfreiheit im europäischen Vergleich (2000); *ders.*, DNotZ 2001, 441ff.; siehe bereits oben, B. II. 2.

[233] Dort konnte der überlebende Ehegatte zunächst zwischen einer Erbquote von $^1/_4$ und einem Nießbrauch von ½ wählen. Seit dem 1. 1. 1988 ist er neben Abkömmlingen zu $^1/_2$ erbberechtigt (Art. 462 Nr. 1 ZGB i. d. F. seit 1. 1. 2007).

[234] § 9 Abs. 1 ARL Nr. 515 vom 6. 6. 2007, in Kraft getreten am 1. 1. 2008: Der Ehegatte erbt neben Abkömmlingen nicht mehr $^1/_3$, sondern künftig $^1/_2$; näher *Ring/Olsen-Ring*, ZEV 2008, 76ff.

[235] Seit dem 1. 1. 2003 ist der Ehegatte neben Kindern des Erblassers zu gleichen Teilen als Erbe berufen (Art. 4:10 B. W.). Soweit der Erblasser nichts anderes bestimmt hat, haben Kinder aufgrund gesetzlicher Verteilung (wettelijke verdeling) gegen den überlebenden Ehegatten nur Vermächtnis- und Ausgleichsansprüche, insbesondere zur Finanzierung ihres Lebensunterhalts und ihres Studiums (Art. 4:19ff., Art. 4:35 Abs. 1, Art. 4:36 B. W.); näher *Luijten*, RNotZ 2003, 119ff.; *Sjef van Erp*, in: Reid/de Waal/R. Zimmermann (Fn. 72), S. 193f.; *Reinhartz*, Recent Changes in the Law of Succession in the Netherlands, EJCL (Electronic Journal of Comparative Law) 11 (2007), 1ff.

[236] Art. 756ff. C. c. (geändert durch Gesetz n°2001–1135 vom 3. 12. 2001): Der Ehegatte hat nunmehr die Wahl zwischen einer Erbquote von $^1/_4$ oder einem Nießbrauch am gesamten Nachlass.

[237] Überblick bei *Cretney*, Reform of intestacy, Law Quarterly Review 111 (1995), 77ff.; *Kerridge*, Parry & Kerridge: The Law of Succession, 12th ed. (2009), Rn. 2–06ff. Weiter gehend hatte die Law Commission im Jahr 1989 ein Alleinerbrecht des Ehegatten vorgeschlagen (Law Commission Report No. 187 [1989], Distribution on Intestacy).

[238] Nach der jüngsten Empfehlung der Scottish Law Commission, Report on Succession No. 215 (2009), 2.7. soll der Ehegatte vorab 300 000 GBP erhalten, während die Kinder erst am Überschuss zur Hälfte beteiligt werden. Im typischen Erbfall läuft dies darauf hinaus, dass der Ehegatte das gesamte Vermögen erhält.

[239] Durch Succession Amendment (Intestacy) Bill 2009 (New South Wales) ist der überlebende Ehegatte bzw. Lebensgefährte künftig als Alleinerbe vorgesehen (in Kraft treten ist für den 1. 3. 2010 geplant).

[240] Uniform Probate Code sec. 2–202 (Stand 2006): Zuweisung von 50% des Erblasservermögens an den Ehegatten nach 15-jähriger Ehedauer; näher *Scalise*, Duke J. Comp. & Int'l L. 19 (2008–2009), 41 (91ff.).

dahin, den Ehegatten bzw. Lebenspartner zum wirtschaftlichen Alleinnachfolger zu erheben.[241]

Auch für das deutsche Recht lassen sich Veränderungen ausmachen, die eher für eine weitere Stärkung der erbrechtlichen Position des Ehegatten und folgerichtig auch des eingetragenen Lebenspartners sprechen. Bei weiter steigendem Lebensalter wird der überlebende Ehegatte – zumeist die Frau[242] – in größerem Maße auf den erbrechtlichen Erwerb angewiesen sein, um den Lebensstandard aufrechtzuerhalten, während sich die Kinder beim typischen Erbfall in ihrer Haupterwerbsphase befinden[243] und bereits erhebliche Ausbildungs- und Versorgungsleistungen erhalten haben.[244] Ein weiterer Grund für die Höherbewertung der Paarbeziehung gegenüber der Generationenbeziehung ist die tendenziell verlängerte Partnerschaftsphase und die vielfach höhere subjektive Qualität der bis zum Tod fortgesetzten Ehe.[245] Dies steht im Einklang mit sozialwissenschaftlichen Einsichten zur verstärkten Emotionalisierung und Romantisierung der Ehe im Verlauf des letzten Jahrhunderts.[246] Hinzu kommt, dass sich im typischen Erbfall das Interesse, Vermögen im Familienstamm zu erhalten, weitgehend verloren hat. Der wirtschaftliche Zusammenhang von Vermögen und Familie ist lockerer geworden. Das zu vererbende Vermögen beruht in größerem Aus-

---

[241] Etwa in den Niederlanden (Fn. 235) und nach den Empfehlungen der englischen (Fn. 237) und der schottischen Law Commission (Fn. 238).

[242] Im Jahr 2007 starben 238 066 verheiratete Männer, aber nur 98 379 verheiratete Frauen (Statistisches Bundesamt [Hrsg.], Statistisches Jahrbuch 2009, 2.30). Demnach wird weniger als jede dritte Ehe, die durch den Tod aufgelöst wird, durch den Tod der Frau aufgelöst.

[243] Zum typischen Alter der Kinder im Erbfall bereits oben, B.I. 1 (Fn. 13).

[244] Dazu bereits *Coing*, 49. DJT 1972, A 15f.

[245] Die gestiegene Scheidungshäufigkeit (oben, B.I. 1. [Fn. 16]) ist kein Gegenargument. Sie bedeutet vielmehr, dass die fortbestehenden Ehen weniger aus rechtlichen oder faktischen Zwängen, sondern dank ihrer empfundenen Qualität fortbestehen; dazu *Frötschle*, Die Entwicklung der gesetzlichen Rechte des überlebenden Ehegatten (1996), S. 157; *Willutzki*, Generationensolidarität versus Partnersolidarität – quo vadis Erbrecht?, in: Lettke (Hrsg.), Erben und Vererben (2003), S. 59 (67ff.).

[246] Etwa *Rosenbaum*, Formen der Familie (1982); *Borscheid*, Geld und Liebe. Zu den Auswirkungen des Romantischen auf die Partnerwahl, in: Borscheid/Teuteberg (Hrsg.), Ehe, Liebe, Tod (1982), S. 112ff.; *Burkart*, Familiensoziologie (2008), S. 121ff.; *Huinink/Konietzka*, Familiensoziologie (2007), S. 66ff.; *Mitterauer/Sieder* (Hrsg.), Vom Patriarchat zur Partnerschaft, 4. Aufl. (1991); *Beck*, Spuren der Emotion?, in: Ehmer et al (Hrsg.), Historische Familienforschung (1997), S. 171ff.; relativierend für die Generationenbeziehungen *Ehmer*, Ökonomische Transfers und emotionale Bindungen in den Generationenbeziehungen des 18. und 19. Jh., in: Kohli/Szydlik (Hrsg.), Generationen in Familie und Gesellschaft (2000), S. 77ff.; *Lüscher*, Widersprüchliche Vielfalt – Neue Perspektiven zum juristischen und soziologischen Verständnis von Ehe und Familie, Jb. Bitburger Gespräche (2001), S. 15 (20ff., 25).

maß auf eigener Leistung oder wird als solches verstanden.[247] Die Weitergabe von Familienvermögen in dem Sinne, dass die Familie auf den Erhalt des Vermögens in der konkreten Gestalt angewiesen wäre,[248] taugt nicht mehr zum inneren Leitbild der gesetzlichen Erbfolge. Und selbst in den vergleichsweise seltenen Fällen, dass ein landwirtschaftlicher Hof zum Nachlass gehört, verblassen die wirtschaftlichen und sozialen Funktionen für die Familie zusehends.[249] Eher ist für die Gestaltung der gesetzlichen Erbfolge von einem Nachlass auszugehen, der je nach wirtschaftlicher Situation des Erben für Versorgungs- und Konsumzwecke frei ist.

2. Mögliche Reformen

a) Verhältnis von Güterrecht und Erbrecht

Deutschland nimmt mit der Verflechtung von Güterrecht und Erbrecht (§§ 1931, 1371 BGB sowie §§ 10 Abs. 1 S. 1 und § 6 S. 2 LPartG) eine Sonderstellung unter den europäischen Erbrechten ein. Neben der Stärkung des gesetzlichen Erbrechts des Ehegatten[250] gehört auch die Entflechtung von Güterrecht und Erbrecht[251] zu den überwiegend formulierten Reformanliegen. Die eigentliche Frage ist diejenige nach dem Verhältnis von Entflechtung und Verstärkung: Sollen Güterrecht und Erbrecht nur entflochten werden durch einen den güterrechtlichen Ausgleich verdrängenden erhöhten gesetzlichen Erbteil, oder soll neben einem erhöhten gesetzlichen Erbteil auch im gesetzlichen Güterstand noch ein echter Zugewinnausgleich stattfinden?

---

[247] *Pintens*, ZEuP 2001, 629f.

[248] Näher zum typischen, praktisch häufigsten Nachlass *Braun* u.a. (Fn. 8), S. 29 sowie bereits oben, B.I. 1. (Fn. 13).

[249] Siehe oben, C.II. 1. (Fn. 128).

[250] *Coing*, 49. DJT 1972, A 41ff.; *Dieckmann*, 49. DJT 1972, K 33f.; *Battes*, Gemeinschaftliches Testament und Ehegattenerbvertrag als Gestaltungsmittel für die Vermögensordnung der Familie (1974), S. 241ff.; *Bosch*, FamRZ 1983, 227 (232); *Strätz*, FamRZ 1998, 1553 (1558); *ders.*, DNotZ 2001, 452 (453f.); für güterstandsabhängige Verstärkung *Leipold*, AcP 180 (1980), 160 (173ff.); für ein Alleinerbrecht des Ehegatten *Stöcker*, FamRZ 1970, 444ff. und öfter; *Jung*, RPfl 1984, 165ff.; *Halbe*, 49. DJT 1972, K 136. Eine horizontale Nachlassteilung durch Begünstigung des Ehegatten als Nießbraucher oder Vorerbe wird überwiegend abgelehnt; näher *Rauscher* Bd. II/1, S. 85ff. m.w.N.; für wählbare befreite Vorerbschaft *Vollmer* (Fn. 14), S. 191ff.

[251] *Rauscher* Bd. II/1, S. 59ff.; *Windel*, S. 229f.; *Krug*, FPR 2007, 164ff.; *Bosch*, FamRZ 1983, 229 (232, 235); *Kühne*, JR 1972, 221; *Coing*, 49. DJT 1972, A 33, 43; *Dieckmann*, 49. DJT 1972, K 14f., 22ff.

Der pauschalierte Zugewinn ist ein rechtspolitischer Formelkompromiss geblieben, der sich weder in das Güterrecht noch in das Erbrecht eingefügt hat.[252] Die güterrechtliche Erklärung fällt schon deshalb schwer, weil auch der in Gütertrennung lebende Ehegatte neben einem Kind die Hälfte des Nachlasses kraft Gesetzes erben soll (§ 1931 Abs. 4 BGB). Die Last dieses inneren Widerspruchs ist mit der relativen Zunahme von Ein-Kind-Familien[253] weiter gestiegen. Auch inhaltlich ist § 1371 Abs. 1 BGB so weit von den Anliegen der Zugewinngemeinschaft entfernt, dass sich die Regelung eigentlich nur noch erbrechtlich erklären lässt.[254] Dann aber müsste für die anderen Güterstände Gleiches gelten. Hinzu kommt, dass der überlebende Ehegatte immer häufiger nicht der einzige Ehegatte gewesen ist[255] und damit die für den Vermögensaufbau maßgebliche Erwerbsphase nicht geteilt hat. Ohnehin endet die bezweckte Vereinfachung bei § 5 Abs. 1 S. 1 ErbStG. Auch mündet § 1371 Abs. 2 BGB angesichts der Kürze der Ausschlagungsfrist in eine vielfach unbeherrschbare Entscheidungssituation.[256] Hinzu kommen die Schwierigkeiten bei der Bewältigung internationaler Erbfälle.[257] Diese Erwägungen sprechen dafür, den für den Todesfall pauschalierten Zugewinn (§ 1371 BGB) in eine echte erbrechtliche Berechtigung umzuqualifizieren, so dass sich für den Ehegatten bzw. eingetragenen Lebenspartner ein güterstandsunabhängiges, erhöhtes gesetzliches Erbrecht neben einem oder mehreren Kindern von ½ ergibt. In diese Richtung hatte sich der Juristentag bereits im Jahr 1972 ausgesprochen.[258]

---

[252] Statt Aller *Gernhuber/Coester-Waltjen*, Familienrecht, 6. Aufl. (2010), § 37 Rn. 4–6.

[253] Zwar ist die Zahl der Einzelkinder seit den 1950er Jahren absolut konstant geblieben (etwa 5 Mio.), doch ist in derselben Zeit die Zahl der Mehrkindfamilien zurückgegangen (Statistisches Bundesamt [Hrsg.], Statistisches Jahrbuch 2009, 2.17).

[254] *Coing*, 49. DJT 1972, A 43; *Gernhuber*, NJW 1991, 2238; MünchKommBGB/*Koch*, 5. Aufl. (2010), § 1371 Rn. 3 ff. – Gleichwohl war § 1371 BGB güterrechtlich gedacht, nämlich als besondere Privilegierung des überlebenden Ehegatten, der bei Beendigung des Güterstandes nicht auf einen Geldanspruch verwiesen werden, sondern dinglich beteiligt sein sollte; näher *Wahl*, FamRZ 1965, 133 ff.

[255] Im Jahr 2007 waren an insgesamt 368 922 Eheschließungen in 90 736 Fällen bereits geschiedene Männer und in 93 368 Fällen bereits geschiedene Frauen beteiligt (Statistisches Bundesamt [Hrsg.], Statistisches Jahrbuch 2009, 2.24); näher *Lankuttis/Blossfeld*, Determinanten der Wiederheirat nach der ersten Scheidung in der Bundesrepublik Deutschland, Zeitschrift für Familienforschung 15 (2003), 5 ff.

[256] MünchKommBGB/*Koch*, 5. Aufl. (2010), § 1371 Rn. 38; zur Angemessenheit der Ausschlagungsfrist bereits oben, C. V. 2.

[257] Siehe bereits *Dieckmann*, 49. DJT 1972, K 15; *Mezger*, 49. DJT 1972, K 72 ff.; *Windel*, S. 230.

[258] *Coing*, 49. DJT 1972, A 43; *Dieckmann*, 49. DJT 1972, K 24; *Mezger*, 49. DJT 1972, K 72 sowie Beschluss Nr. 10, Bd. II, K 166; siehe auch *Buchholz*, MDR 1990,

Daneben bleibt zu überlegen, ob nicht doch das Güterrecht des gesetzlichen Güterstands so umgestaltet werden könnte, dass – unabhängig von der erhöhten Erbquote – ein güterrechtlicher Ausgleich auch im Todesfall sinnvoll zugunsten und zulasten des längerlebenden Ehegatten bzw. eingetragenen Lebenspartners eröffnet werden kann.[259] Praktikabilitätserwägungen mögen dagegen sprechen; auch das mögliche Konfliktpotential gilt es zu bedenken.[260] Die heute aufmerksamer wahrgenommenen Einbußen an güterrechtlicher Teilhabegerechtigkeit lassen sich aber schwerlich anders ausgleichen. Dahinter steht die Einsicht, dass güterrechtliche Teilhabe als gleichberechtigte Teilhabe an der gemeinsamen Lebensleistung zu verwirklichen ist.[261] Wenn mit der Zugewinngemeinschaft im deutschen Recht aus Verkehrs- und Praktikabilitätsgründen während des Güterstands ein dingliches Gefälle an der Errungenschaft zwischen den Ehegatten hingenommen wird,[262] kommt der güterrechtlichen Teilhabe bei Beendigung des Güterstands umso größere Bedeutung zu. Eine der lebzeitigen Gleichwertigkeit der Ehebeiträge entsprechende gleichgerechte Teilhabe ist besonders drängend für den Fall, dass der überlebende Ehegatte ausgleichsberechtigt ist: Der während des Güterstands am Zugewinn nicht dinglich beteiligte Ehegatte ist spätestens mit Beendigung des Güterstands entsprechend seiner *realen* Ausgleichsberechtigung am Zugewinn zu beteiligen.[263] Überdies verträgt sich das hinter der Pauschale durchschimmernde Bild des Allein- oder Mehrverdiener-Ehemannes nicht mehr mit der zwischenzeitlich erfolgten Loslösung des Eherechts von gesetzlichen Rollenbildern (vgl. §§ 1353, 1356, 1357, 1570 BGB). Auch wenn sich nach wie vor viele Ehen für eine „traditionelle“ Verteilung von Erwerbs- und Familienarbeit entscheiden,[264] ist das Eherecht in der jüngeren Gesetzgebung konsequent von gesetzlichen Rollenprägungen befreit worden. Diese Zurücknahme bei der gesetzlichen Ausge-

---

375 (377 ff.); *Freytag*, ZRP 1991, 304 (305); *Bosch*, FamRZ 1983, 227 (234); *Strätz*, DNotZ 2001, 452 (454); *Krug*, FPR 2007, 164 (169).

[259] Dafür *Rauscher* Bd. II/1, S. 73 ff.; *Coing*, 49. DJT 1972, A 43; *Freytag*, ZRP 1991, 304 (305).

[260] *Dieckmann*, 49. DJT 1972, K 24.

[261] BVerfG, NJW 2002, 1185 (1186).

[262] Näher *Röthel*, FPR 2009, 273 (275).

[263] Immerhin dürfte dies derzeit der Regelfall sein, da ausgleichsberechtigt typischerweise die längerlebende Ehefrau ist, deren Zugewinn – entsprechend der immer noch überwiegenden Rollenverteilung (Ehemann als Allein- oder Mehrverdiener) – erheblich geringer als derjenige des Ehemannes ist. Bei Beendigung der Ehe durch Scheidung wird in den weitaus überwiegenden Fällen ein Zugewinnanspruch zugunsten der Ehefrau zugesprochen; siehe *Caesar-Wolf/Eidmann*, Die wirtschaftlichen Folgen von Trennung und Scheidung. Gutachten im Auftrag des Bundesministeriums für Familie, Senioren, Frauen und Jugend (2000), S. 61.

[264] Näher *Dethloff*, 67. DJT 2008, A 16 ff.

staltung des Eherechts ist für das Erbrecht nachzuvollziehen und sollte dann auch für eingetragene Lebenspartner gelten. Dass ein realer Zugewinnausgleich nicht undurchführbar ist, zeigt § 1371 Abs. 2 BGB und im Übrigen das Beispiel der Schweiz.[265] Immer bleibt die Möglichkeit, Abweichendes zu vereinbaren (§ 1414 BGB).

b) Verlust des Erbrechts

Das gesetzliche Erbrecht des Ehegatten bzw. Lebenspartners erlischt, wenn der Erblasser die Scheidung bzw. die Aufhebung der Partnerschaft beantragt oder ihr zugestimmt hat (§ 1933 S. 1 BGB bzw. § 10 Abs. 3 S. 1 LPartG). Der einseitig vom Erben gestellte Scheidungs- oder Aufhebungsantrag ist de lege lata bedeutungslos. Die darin liegende Asymmetrie wird heute als Verstoß gegen die Gegenseitigkeit der Erbberechtigung angesehen.[266] Alternativ wird vorgeschlagen, dass die beiderseitige Erbberechtigung einheitlich entweder auf Antrag nur eines Ehegatten bzw. Lebenspartners[267] oder aber erst bei beiderseitigem Antrag[268] entfällt. Sieht man den inneren Grund des gesetzlichen Erbrechts in dem durch die Eheschließung bzw. Eintragung der Partnerschaft begründeten *Statusverhältnis*,[269] ist es konsequenter, die Erbberechtigung erst dann entfallen zu lassen, wenn die Statusänderung wirklich „greifbar" ist. Dies liegt bei beiderseitigem Antrag näher als bei einseitigem Antrag.[270] Denkbar wäre aber auch, § 1933 BGB bzw. § 10 Abs. 3 LPartG ganz aufzugeben und damit den Statusgedanken vollständig wiederherzustellen, wie beispielsweise in der Schweiz.[271, 272]

---

265 Art. 204 Abs. 1 ZGB; näher *Rauscher* Bd. II/1, S. 14 ff.; *Plate*, Die Auflösung der Ehe durch den Tod (2000), S. 172 ff., 223 ff.

266 Kritisch zu § 1933 BGB etwa *Rauscher* Bd. II/1, S. 129 f.; *Windel*, S. 228 ff.; MünchKommBGB/*Leipold*, § 1933 Rn. 2; *Battes*, FamRZ 1977, 433 (437 ff.); *ders./Thofern*, JZ 1990, 1135 f.; für Verfassungswidrigkeit *Zopfs*, ZEV 1995, 309 ff.; *Bengel*, ZEV 1994, 360 f.

267 So *Battes*, FamRZ 1977, 437 (438 f.); *Rauscher* Bd. II/1, S. 129 f.; *Windel*, S. 229.

268 So MünchKommBGB/*Leipold*, § 1933 Rn. 3; genauso der Reformvorschlag von *Welser*, Verh. des 17. ÖJT, Bd. II/1 (2009), S. 58 für das österreichische Recht im Fall der einvernehmlichen Scheidung.

269 Eingehend *Röthel*, in: Lipp/Röthel/Windel (Fn. 48), S. 85 (97 ff.).

270 Bei den im Jahr 2007 geschiedenen Ehen erfolgten etwa 85% der Scheidungen nach einjähriger Trennung und davon die Mehrzahl auf beiderseitigen Antrag (Quelle: Statistisches Bundesamt, Pressemitteilung Nr. 317 vom 28. 8. 2008). Dies rechtfertigt die Pauschalierung, dass bei beiderseitigem Antrag die Statusbeendigung „greifbar" ist.

271 Siehe Art. 462 ZGB (ohne Rückbezug), anders Art. 204 Abs. 2 ZGB für die güterrechtliche Auseinandersetzung (Beendigung des Güterstands mit Einreichung des Scheidungs- bzw. Aufhebungsantrags).

272 Siehe RegE zum 1. EheRG, BT-Drucks. 7/650 S. 179, 292; BT-Drucks. 7/4361, S. 52.

II. Individualisierung der gesetzlichen Erbfolge

1. Befund

War der historische Gesetzgeber eher um formale Gleichbehandlung der Kinder bei der gesetzlichen Erbfolge bemüht,[273] werden Individualisierungen der gesetzlichen Erbfolge wegen Vorempfängen oder besonderen Leistungen für das deutsche Recht[274] inzwischen günstiger beurteilt.[275] Die nach wie vor geringe Testierquote[276] und die verdichteten verfassungsrechtlichen Erwartungen an die Gleichgerechtigkeit der Erbordnung[277] sprechen für eine stärkere Aufgliederung der gesetzlichen Erbfolge.

2. Mögliche Reformen

a) Ausgleichung von Vorempfängen

Mit den §§ 2050ff. BGB hat sich das BGB abweichend vom römischen Recht für das Prinzip der *Idealkollation* entschieden: Ausgleichspflichtige Vorempfänge der Kinder werden nur rechnerisch, nicht real zum Nachlassteil. Zugleich bedeutet die Entscheidung über die Ausgleichspflicht die zentrale Weichenstellung für das Verhältnis von lebzeitigen Zuwendungen und Erbfolge: Die Ausgleichspflicht macht den Vorempfang zur *vorweggenommenen Erbfolge.*

aa) Ausgleichung als Regelfall

Nach geltendem Recht sind Ausstattungen (§ 2050 Abs. 1 BGB) und überverhältnismäßige Aufwendungen zur Vorbildung zu einem Beruf (§ 2050 Abs. 2 BGB) ohne Weiteres ausgleichungspflichtig,

---

[273] *Mertens* (Fn. 92), S. 88.

[274] Anders aber in England und Wales, wo durch Law Reform (Succession) Act 1995 zum 1. 1. 1996 alle zuvor bestehenden Ausgleichungsregeln bei gesetzlicher Erbfolge (sog. hotchpot rules) abgeschafft wurden. Bei dieser Entscheidung standen offenbar praktische Gründe im Vordergrund. Die entsprechenden Ausgleichungsregeln für die gewillkürte Erbfolge wurden beibehalten; kritisch *Kerridge* (Fn. 237), Rn. 2–57.

[275] Siehe bereits *Coing*, 49. DJT 1972, A 36f.; *Däubler*, ZRP 1975, 136 (143f.); zu § 2057a BGB etwa MünchKommBGB/*Heldrich*, § 2057a Rn. 1.

[276] Siehe oben, B. I. 1. (Fn. 15).

[277] Siehe oben, B. II. 1. b aa.

während alle sonstigen Zuwendungen nur dann ausgleichungspflichtig sind, wenn der Erblasser dies bei der Zuwendung durch Verfügung von Todes wegen angeordnet hat (§ 2050 Abs. 3 BGB). Diese Regelung wird den heutigen Bedürfnissen nicht mehr vollständig gerecht. Es fällt zunehmend schwerer, Ausstattungen und sonstige Zuwendungen sinnvoll zu unterscheiden. Gemessen an der Rechtsprechung ist § 2050 Abs. 1 BGB zu totem Recht geworden. Dies dürfte darauf beruhen, dass die praktisch bedeutsamen Zuwendungen zur Berufsausbildung bereits gemäß § 2050 Abs. 2 BGB erfasst werden. Auch führt die jetzige Regelung dazu, dass gerade diejenigen Zuwendungen, die typischerweise am längsten zurückliegen (Zuwendungen zur Berufsausbildung), im Regelfall ausgleichungspflichtig sind, während die typischerweise erst später erfolgenden vermögensbildenden Zuwendungen nur bei ausdrücklicher Anordnung ausgleichungspflichtig sein sollen.

Die eigentlichen Bedenken betreffen die Entscheidung gegen eine prinzipielle Ausgleichungspflicht sonstiger Zuwendungen (§ 2050 Abs. 3 BGB). Mit der gestiegenen Lebenserwartung und der vielfach auch steuerlich motivierten Neigung zu lebzeitiger Vermögensweitergabe (§§ 13, 13a, 13c, 16 ErbStG) hat diese Entscheidung heute ein anderes Gewicht als zur Zeit der Einführung des BGB. Dieses Regelungskonzept wurde auch durch das Gesetz zur Änderung des Erb- und Verjährungsrechts vom 24. 9. 2009[278] nicht berührt. Leitbild der gesetzlichen Erbfolge sollte aber ein gleichgerechter Erblasser sein, der insgesamt eine gleichmäßige Vermögensausstattung seiner Kinder anstrebt. Die prinzipielle Ausgleichspflichtigkeit entspricht der großen Akzeptanz des normativen Gehalts von § 1924 Abs. 4 BGB. Auch das unbefangene Gerechtigkeitsempfinden und das allgemeine Rechtsbewusstsein gehen eher dahin, die Ausgleichung erheblicher Zuwendungen als Regelfall anzusehen, zumal mit steigendem wirtschaftlichem Gewicht von Vorempfängen. Es ist daher zu überlegen, die Ausgleichung sämtlicher überobligationsmäßiger, den Rahmen üblicher Gelegenheitsgeschenke übersteigender Vorempfänge zum Regelfall zu erheben.[279]

bb) Bewertungszeitpunkt

Ähnliche Bedenken betreffen den Bewertungszeitpunkt. Nach geltendem Recht ist der Zeitpunkt der Zuwendung (§ 2055 Abs. 2 BGB) maßgeblich. Der Gesetzgeber hat damit den Erbfall für lebzei-

---

[278] BGBl. I 3142.

[279] Genauso *K. Lange* bei der Anhörung im Rechtsausschuss zum RegE eines Gesetzes zur Änderung des Erb- und Verjährungsrechts vom 24. 4. 2008, BT-Drucks. 16/8954; de lege ferenda *ders.*, DNotZ 2009, 732 (734).

tige Zuwendungen auf den Zeitpunkt der Zuwendung vorverlegt und dem Zuwendungsempfänger gleich einem Erben die Sachgefahren überantwortet.[280] Allerdings führt dies bei Zuwendungen, die zwischenzeitlich im Wert gestiegen sind, etwa bei Grundstücken, zu einer doppelten Bevorzugung des Empfängers: Neben den Nutzungsvorteil tritt der Vorteil der Werterhöhung. In dieser praktisch bedeutsamen Fallgruppe wird das Ziel der Ausgleichung, eine gleichmäßige wirtschaftliche Beteiligung der Kinder zu gewährleisten, verfehlt.[281] Genauso wie beim steuerlichen Bewertungsrecht ist auch bei den erbrechtlichen Bewertungsregeln jede Besserstellung von Vermögensgruppen im Hinblick auf die Anforderungen an die Gleichgerechtigkeit der erbrechtlichen Institutionen rechtfertigungsbedürftig.[282] Eine mögliche Reform könnte darin liegen, dass abweichend von § 2055 Abs. 2 BGB der Wert maßgeblich ist, den die Zuwendung im Zeitpunkt des Erbfalls hatte, wenn dieser höher ist (Höchstwertprinzip).[283] Zugleich könnte dem Empfänger ein Wahlrecht zugunsten der Realausgleichung eingeräumt werden.[284]

b) Ausgleichung wegen vorenthaltener Ausbildung

Die formale Gleichbehandlung der Kinder im Rahmen der gesetzlichen Erbfolge (§ 1924 Abs. 4 BGB) stößt sich auch dort am Gerechtigkeitsempfinden und den verfassungsrechtlichen Anforderungen an die Gleichgerechtigkeit,[285] wo einem Kind eine nicht ausgleichspflichtige Berufsausbildung ermöglicht wurde (§ 2050 Abs. 2 BGB), während ein jüngeres Kind, das seine Schulzeit erst nach dem Tod des Erblassers beendet, für seine weitere Ausbildung nun seinen Erbteil angreifen muss. Mit zunehmender Verzweigung der Lebensläufe und weiterer Ausdehnung der reproduktiven Lebensphase werden erhebliche Altersunterschiede von Kindern eher noch an Bedeutung gewinnen.

Da die Bedenken wesentlich darin wurzeln, dass ein Kind etwas erhalten hat, das einem anderen Kind bei einem gleichgerechten Erblasser nur aus Zeitgründen vorenthalten blieb, würde eine generelle Aufstockung der gesetzlichen Erbquote wegen besonderer Bedürftigkeit, etwa für Kinder, die ihre Berufsausbildung noch nicht voll-

---

280 Mot. V, 708.

281 *Werner*, DNotZ 1978, 66 (80 ff.); *Krug*, ZEV 2000, 41 (42).

282 Siehe oben, B. II. 1. b aa.

283 Ähnlich Art. 630 Abs. 1 ZGB: Die Ausgleichung erfolgt nach dem Werte der Zuwendungen zur Zeit des Erbganges oder, wenn die Sache vorher veräußert worden ist, nach dem dafür erzielten Erlös.

284 Etwa nach dem Vorbild der Schweiz: Art. 628 Abs. 1 ZGB.

285 Siehe oben B. II. 1. b aa.

endet haben,[286] über das Ziel hinausschießen. Auch läge darin ein grundsätzlich zu entscheidender Paradigmenwechsel, da das deutsche Erbrecht bislang nur punktuell nach Versorgungszwecken gestaltet ist.[287] Ähnlichen Bedenken wäre die Begründung von Unterhaltsansprüchen gegen den Nachlass ausgesetzt. Eine Änderung von § 1615 BGB wäre mit der herkömmlichen Erklärung von Unterhaltsansprüchen als Ausdruck besonderer, statusbegründeter familienrechtlicher Verantwortung nicht vereinbar.[288] Sonst würde mittelbar eine Unterhaltsverantwortung von (Halb-)Geschwistern begründet. Denkbar wäre aber, die *vorenthaltene* Berufsausbildung – ähnlich Art. 631 Abs. 2 ZGB[289] – über die Ausgleichung zugunsten des noch nicht ausgebildeten Kindes zu berücksichtigen.[290]

c) Ausgleichung lebzeitiger Leistungen

aa) Mitarbeit

Als § 2057a Abs. 1 S. 1 BGB[291] geschaffen wurde, stand der bäuerliche und kleingewerbliche Bereich vor Augen.[292] Auch ging es darum, eine Auffangregelung zugunsten ehelicher Kinder zu schaffen, um die Folgen der erbrechtlichen Gleichstellung nichtehelicher Kinder abzufedern.[293] Beide Regelungsanliegen haben an Überzeugungskraft verloren. Die praktische Bedeutung der Vorschrift ist ohnehin begrenzt. Rechtsprechung ist jedenfalls kaum ergangen, wohl auch deshalb, weil erhebliche Mitarbeit zumeist rechtsgeschäftlich abgegolten sein wird (§ 2057a Abs. 2 BGB). Diese Beobachtung trifft sich mit dem gewandelten familiären Selbstverständnis, Mitarbeit nur noch in engen Grenzen als „selbstverständlich", d.h. auf-

---

[286] Zu ausländischen Regelungsvorbildern (sog. support money der nordischen Staaten) *Rauscher* Bd. II/1 S. 149ff.; zum älteren Recht *Reichert-Facilides*, 49. DJT 1972, A 67ff.; in diese Richtung *Coing*, 49. DJT 1972, A 28f. und Beschluss Nr. 8.

[287] Ausnahmen bilden §§ 1371 Abs. 4, 1932 Abs. 1 S. 2, 1969 BGB. Zur Versorgungsfunktion des Erbrechts *Kipp/Coing*, § 1 I 4.

[288] *Rauscher* Bd. II/1, S. 182f.

[289] Art. 631 Abs. 2 ZGB: Kindern, die noch in der Ausbildung stehen oder die gebrechlich sind, ist bei der Teilung ein angemessener Vorausbezug einzuräumen.

[290] In dieselbe Richtung zielt der Vorschlag von *Rauscher* Bd. II/1, S. 190ff., die bereits erhaltene Berufsausbildung in erhöhtem Maße für ausgleichspflichtig zu erklären: „Sind Abkömmlinge zu Erben berufen, die im Zeitpunkt des Erbfalles eine Vorbildung zu einem Berufe noch nicht erhalten haben, so sind solche Aufwendungen auch insoweit zur Ausgleichung zu bringen, als sie das vorbezeichnete Maß nicht überstiegen haben" (als § 2050 Abs. 2 S. 2 BGB).

[291] Eingefügt durch Art. 1 Nr. 90 NEhelG vom 19. 8. 1969.

[292] Vgl. BT-Drucks. V/4179, S. 6 zu Nr. 83a.

[293] Bericht des Rechtsausschusses zu Art. 1 Nr. 83a NEhelG, zu BT-Drucks. V/4179 S. 6; *Lange/Kuchinke*, § 15 III 5 (S. 322 Fn. 47).

grund der familiären Nähebeziehung geschuldet zu verstehen.[294] Zeitgemäßer dürfte die Vorstellung sein, dass erhebliche Mitarbeit den familiären Rahmen überschreitet und auch in der Vorstellung der Betroffenen auf eigenen Entschlüssen beruht. Begegnen sich Eltern und Kind folgerichtig auf einer nicht nur familiären, sondern mit zunehmender Bedeutsamkeit der Mitarbeit auch deutlicher empfundenen rechtsgeschäftlichen Ebene, erscheint es zumutbar, das mitarbeitende Kind auf eine rechtsgeschäftliche Gestaltung zu verweisen. Eine gesetzlich vorgegebene Ausgleichung ist dann entbehrlich.

bb) Pflege

Weniger abweisbar ist die Ausgleichung für unentgoltene Pflege durch Kinder des Erblassers (§ 2057a Abs. 1 S. 2 BGB). Pflegendes Kind und Erblasser werden sich typischerweise in einer Situation befinden, in der eine Entgeltvereinbarung weniger erwartet werden kann als von einem im elterlichen Betrieb mitarbeitenden Kind. Vielfach mag die Pflege aus der Situation heraus zunächst als selbstverständlich empfunden werden, und später erscheint es unzumutbar oder pietätlos, darüber mit den eigenen Eltern zu verhandeln. Auch die mit der Pflegebedürftigkeit möglicherweise einhergehenden Einbußen an rechtlicher Handlungsfähigkeit können Entgeltvereinbarungen entgegenstehen.[295] Unterbleiben in diesen Situationen Entgeltvereinbarungen, soll die Rücksicht auf den Erblasser nicht zum Vorteil der anderen gesetzlichen Erben werden. Dies rechtfertigt es, unentgoltene Pflege über die Ausgleichung erbrechtlich zu honorieren.

Sieht man die innere Legitimation der Ausgleichung in der besonderen situativen Unzumutbarkeit von Entgeltvereinbarungen, sollte es aus Gründen der Gleichgerechtigkeit und Folgerichtigkeit[296] nicht bei der jetzigen Regelung bleiben.[297] Die rechtspolitische Tendenz geht ganz überwiegend dahin, lebzeitige Pflege stärker abzugelten.[298] Dies erscheint jedenfalls dann unumgänglich, wenn man die familienbasierte Pflege nach wie vor als erstrebenswert ansieht.[299] Will man

[294] De lege ferenda für Abschaffung des § 1619 BGB *Gernhuber/Coester-Waltjen* (Fn. 252), § 55 Rn. 1; *Staudinger/Röthel* (2007), § 845 Rn. 8.

[295] Siehe oben, B. I. 2. a.

[296] Siehe oben, B. II. 1. b aa.

[297] Vgl. RegE BT-Drucks. 16/8945 zu Nr. 14 (S. 17f.), etwa mit Blick auf Enkel und Geschwister.

[298] Für eine stärkere Abgeltung von Pflegeleistungen bereits *Coing*, 49. DJT 1972, A 37; *Windel*, S. 233f.; aus jüngerer Zeit *Staudinger/Otte*, vor § 1922 Rn. 134; *Reimann*, FamRZ 2007, 1592 (1600); *Odersky*, MittBayNot 2008, 2 (6); *Windel*, ZEV 2008, 305ff.; für Österreich *Welser*, Verh. des 17. ÖJT, Bd. II/1 (2009), S. 41f.

[299] Im europäischen Vergleich zählt Deutschland zu den sog. familienbasierten Pflegesystemen; dazu *Haberkern/Szydlik*, Pflege der Eltern – Ein europäischer Vergleich, KZfSS 60 (2008), 78ff.

an diesem Konzept festhalten, wird man angesichts der wachsenden Pflegeaufgaben auch die zivilrechtlichen Rahmenbedingungen für familiäre Pflege stärken müssen. Dann aber können auch erweiterte Ausgleichungspflichten nur einen ersten Schritt bedeuten. Besonders dringlich erscheint die Honorierung von Pflegeleistungen in nichtehelichen Lebensgemeinschaften. Auch wenn es derzeit noch konsequent ist, dass nichteheliche Lebensgefährten nicht gesetzlich erbberechtigt sind, ist bei der Honorierung von Pflegeleistungen eine andere Beurteilung geboten: Die Entscheidung gegen das gesetzliche Erbrecht ist die Folge der geringen Solidar*pflichten*, die Entscheidung für eine Abgeltung von Pflegeleistungen honoriert nicht geschuldete Solidar*beiträge*. Dieses Anliegen könnte durch ein gesetzliches Vermächtnis[300] oder durch gesetzliche Klarstellung lebzeitiger Ausgleichsansprüche verwirklicht werden.[301] In einer ähnlichen Situation befinden sich Schwiegerkinder. Ob Nachbarn[302] insoweit auf derselben Stufe wie Lebensgefährten oder Schwiegerkinder stehen, erscheint zweifelhaft.

---

[300] Hierfür *Otte*, ZEV 2008, 260 (261 f.); zustimmend *Odersky*, MittBayNot 2008, 2 (6); *van de Loo*, FPR 2008, 551 (553); abgelehnt in der Gegenäußerung der BReg zum RegE 2008, BT-Drucks. 16/8954, S. 35.

[301] Siehe den Entwurf eines § 1969a BGB bei *Windel*, ZEV 2008, 305 (306ff.); zustimmend *Krug*, ZFE 2008, 324.

[302] Hierfür der BRat im Zusammenhang mit RegE 2008, BT-Drucks. 16/8954 S. 31; *Otte*, ZEV 2008, 260 (261 f.); enger etwa *Muscheler*, ZEV 2008, 105 (109).

E. Testierformen

I. Ordentliches Testament

1. Befund

Das BGB kennt zwei ordentliche Testamentsformen: das öffentliche Testament und das privatschriftliche, eigenhändige (holographische) Testament (§ 2231 BGB). Der rechtspolitische Trend geht seit dem ersten Entwurf zur Erleichterung der ordentlichen Testamentsformen.[303] Dies entspricht dem Verständnis von Formgeboten als erklärungspflichtigen Eingriffen in die Testierfreiheit.[304] Ähnlich ist die ausländische Rechtsentwicklung verlaufen: Die europäischen Rechtsordnungen kennen fast ausnahmslos ein privatschriftliches ordentliches Testament, entweder in eigenhändiger Errichtung oder als Zeugentestament.[305]

---

[303] In europäischer Perspektive *Herrler*, Artikel „Testament" in: Basedow/Hopt/R. Zimmermann (Fn. 72), S. 1472 ff.; *Breitschmid*, Formvorschriften im Testamentsrecht (1981), S. 51 ff. Eine Ausnahme bilden die Niederlande, die nur das öffentliche Testament kennen und den Anwendungsbereich des holographischen Kodizills seit dem 1. 1. 2003 weiter eingeschränkt haben (Art. 4:97 B. W.) – Zur deutschen Rechtsentwicklung: Die Entwurfsverfasser hatten nur das öffentliche Testament vorgesehen (Mot. V, 257 ff.); das handschriftliche Testament geht auf Initiative der Reichstagskommission zurück (Bericht der Kommission des Reichstags vom 12. 6. 1896, bei Mugdan V, 886 ff.). Der Erbrechtsausschuss der Akademie für Deutsches Recht hielt hieran fest; näher *Lange*, 1. Denkschrift des Erbrechtsausschusses für Deutsches Recht (1937), S. 41 ff., 54 ff. Zur Diskussion bei Schaffung des BGB *Hölder*, JheringsJ 41 (1900), 303 ff.; *Beutgen*, Die Geschichte der Form des eigenhändigen Testaments (1991), insbesondere S. 74 ff. Das TestG vom 31. 7. 1938, RGBl. I 973, hat die eigenhändige Angabe von Ort und Zeit der Testierung zur Sollvorschrift herabgestuft; diese Änderungen sind im Jahr 1953 in das BGB (§ 2247 BGB) übernommen worden; näher *Kipp/Coing*, § 25 II, III. Durch das OLGVertrÄndG (BGBl. 2002 I 2850) vom 23. 7. 2002 wurde bei notariellen Testamenten auf die Mündlichkeit der Erklärung verzichtet, um so auch bei Mehrfachbehinderungen die Testamentserrichtung zu ermöglichen (BVerfGE 99, 341 ff.).

[304] Generell *Häsemeyer*, Die gesetzliche Form der Rechtsgeschäfte (1971), insbesondere S. 203 ff.

[305] Eigenhändige Errichtung, Unterschrift *und* Datierung sind erforderlich zur wirksamen Testamentserrichtung in der Schweiz (Art. 505 Abs. 1 ZGB) sowie in Italien (Art. 602 C. c.), Frankreich (Art. 970 C. c.), Belgien (Art. 970 C. c.), der Türkei (Art. 537 ZGB) und in Tschechien (Art. 476 a ZGB). Österreich kennt sowohl das

Bundesweite Erhebungen über die Akzeptanz der ordentlichen Testierformen bestehen nicht.[306] Es erscheint plausibel, dass sich beide ordentlichen Testamentsformen im Rechtsbewusstsein verankert haben.[307] Die geringe Testierquote von derzeit etwa 20–25%[308] dürfte eher ein Zeichen des Einverständnisses mit der gesetzlichen Erbfolge sein.[309] Auch in der wissenschaftlichen Diskussion ist es in den letzten Jahrzehnten vergleichsweise ruhig um die Testamentsformen geworden.[310] In der Kommentarliteratur wird allerdings durchgehend zum öffentlichen Testament geraten.[311]

2. *Mögliche Reformen*

Gründe der Rechtssicherheit und Rechtsklarheit mögen heute noch deutlicher als bei Inkrafttreten des BGB für das öffentliche und gegen das holographische Testament sprechen. Über die zentralen Begriffe des Erbrechts – Universalsukzession, (Vor-, Ersatz-) Erbe und Vermächtnisnehmer – werden Fehlvorstellungen des juristischen

---

eigenhändige als auch das Zeugentestament (Errichtung vor drei Zeugen mit Unterschrift des Erblassers) als ordentliche Testamentsform (Art. 597 ABGB). In den nordischen Staaten ist das eigenhändige Testament unbekannt; hier überwiegt das Zeugentestament (Errichtung vor zwei Zeugen mit Unterschrift des Erblassers) als ordentliches Testament (Dänemark: § 64 Abs. 1 ARL; Finnland: Art. 10 § 1 PK; Schweden: Art. 10 § 1 ÄB); genauso in England und Wales (sec. 9 Wills Act 1837). Die Niederlande kennen neben dem privatschriftlichen Kodizill (Art. 4:97 B. W.) nur das notarielle Testament (Art. 4:94 B. W.).

[306] Zur Verbreitung des eigenhändigen Testaments im Vergleich zum öffentlichen Testament siehe aber die Auswertungen von *Leipold*, AcP 180 (1980), 160 (199f.); *Schulte*, Art und Inhalt eröffneter Verfügungen von Todes wegen (1982); *Guericke* (Fn. 14), S. 32; *Vollmer* (Fn. 14), S. 42ff. Danach besteht eher eine Tendenz zur Zunahme eigenhändiger Testamente; nach den Auswertungen von *Vollmer* (S. 43) ist der Anteil nunmehr annähernd gleich. Dies wird u. a. auf den Anstieg städtischer Lebensformen zurückgeführt (so *Guericke*, S. 32). Zur Verbreitung des eigenhändigen Testaments in der Schweiz und in Frankreich *Breitschmid* (Fn. 304), S. 202ff.

[307] Dies gilt auch für die einzelnen Formerfordernisse. Nach Erhebungen von *Schulte* (Fn. 306), S. 181 sind nur 4% der eigenhändigen Verfügungen wegen Formmangels unwirksam.

[308] Siehe oben, B. I. 1. (Fn. 15).

[309] In Frankreich wird die Testierquote noch niedriger auf etwa 10% geschätzt; siehe *Baumann*, Gesetzliche Erbfolge und Möglichkeiten testamentarischer Erbeinsetzung im frz. Code Civil (1996), S. 191 m. w. N.

[310] Anders noch *Singer*, DNotZ 1934, 482ff.; *Vogels*, ZAkDR 1935, 635ff.; *Pötzsch*, NJ 1951, 361ff.; keinen Reformbedarf sehen etwa *Lange/Kuchinke*, § 16 IV 4 (S. 335); *Grundmann*, AcP 187 (1987), 431 (475f.); de lege ferenda für den Verzicht auf die eigenhändige Errichtung *Görgens*, JR 1979, 357ff.

[311] Aus nahe liegenden Gründen insbesondere von notarieller Seite: *Voit*, in: Reimann/Bengel/J. Mayer, § 2331 Rn. 6; *Soergel/J. Mayer*, § 2331 Rn. 9; *Staudinger/Baumann*, § 2331 Rn. 14.

Laien nach wie vor die Regel sein.[312] Auch hat die Komplexität der rechtlichen und praktischen Folgefragen eher zu- als abgenommen. Hinzu kommen die inzwischen aufmerksamer wahrgenommenen ideellen und personalen Erbbedeutungen,[313] die der *Verantwortung* des testierenden Erblassers[314] weiteres Gewicht verleihen. Mit steigendem Lebensalter und zunehmendem Demenzrisiko[315] ist schließlich auch die notarielle Vergewisserung über die Testierfähigkeit (§§ 11, 28 BeurkG)[316] zu einem immer wichtigeren Vorzug des öffentlichen Testaments avanciert.[317]

Gleichwohl ist am eigenhändigen Testament als ordentlicher Testamentsform festzuhalten. Abgesehen davon, dass eine Trendumkehr das deutsche Recht international isolieren würde, ist zu bedenken, dass die mit der Eigenhändigkeit verbundenen formalen Hürden ohnehin schleichend höher geworden sind: Im Zeitalter elektronischer Kommunikation und Texterstellung ist das holographische Testament so weit wie nie zuvor von der Alltagskommunikation abgerückt.[318] Eher ist zu überlegen, im Interesse der Nachlassbeteiligten und der Rechtspflege weitere Anreize zugunsten des öffentlichen Testaments zu schaffen und die Hindernisse an der Errichtung eines öffentlichen Testaments zu verringern.[319] Denkbar wäre, die Kosten

---

[312] Daher empfiehlt es sich auch nicht, abgestufte Formerfordernisse je nach Inhalt der Verfügung, etwa differenzierend zwischen Erbeinsetzung und Vermächtnis, einzuführen.

[313] Siehe oben, B. III. 2. a.

[314] BVerfGE 99, 341 (351): „Es werden nur selbstbestimmte und selbstverantwortete letztwillige Erklärungen von der verfassungsrechtlichen Gewährleistung der Testierfreiheit geschützt."

[315] Siehe oben, B. I. 2. a.

[316] Die gemäß § 28 BeurkG in der Niederschrift zu vermerkenden Wahrnehmungen des Notars über die Geschäfts- und Testierfähigkeit begründen Beweis i. S. von § 418 Abs. 1 ZPO.

[317] Daher sollte überlegt werden, Betreuten nur das öffentliche Testament zu eröffnen; dazu noch unten, F. I. 2. c.

[318] Bei Einführung des handschriftlichen Testaments stand der „gewöhnliche Brief" Pate für die Formanforderungen; vgl. *Lange* (Fn. 303), S. 44 f. Hiervon hatten sich die Formanforderungen wegen der zunehmenden „Mechanisierung" bereits in der 1930er Jahren entfernt. Weil vielfach Orts- und Jahresangaben vorgedruckt waren, wurde schließlich vorgeschlagen, die Handschriftlichkeit von Ort und Zeit der Errichtung zur Sollvorschrift herunterzustufen (S. 58).

[319] Die Förderung des öffentlichen Testaments käme auch denjenigen zugute, denen die Errichtung eines eigenhändigen Testaments versagt ist: Blinden, Schreib- und Leseunfähigen. Damit würde insbesondere die Forderung nach Zulassung eines Blindentestaments (Errichtung in Braille-Schrift) an Dringlichkeit verlieren. – Für die Anerkennung des Braille-Testaments als eigenhändige Errichtung analog § 2247 BGB *Neuner*, NJW 2000, 1822 (1826 f.); in dieselbe Richtung *Grundmann*, AcP 187 (1987), 429 (465), soweit anhand der verschiedenen Stärken des Druckes der Stiche der Hersteller der Urkunde festzustellen ist; offen gelassen von *Lange/Kuchinke*, § 20 Fn. 42 (S. 377); anders etwa *Soergel/J. Mayer*, § 2247 Rn. 17. Verfassungsrechtlich zwingend

für das beim öffentlichen Testament zum Teil entbehrliche Erbscheinsverfahren für das eigenhändige Testament aufwandsorientiert anzuheben und gleichzeitig eine Art „Testamentskostenhilfe" einzurichten. Weitere Anreize für die Errichtung eines notariellen Testaments[320] könnten von der Errichtung eines zentralen Registers öffentlicher Testamente[321] ausgehen.

Umgekehrt sollte das eigenhändige Testament auch das einzige ordentliche Privattestament bleiben. Gegen eine Erweiterung um eine *mündliche* Errichtung vor Zeugen oder um eine *elektronische Errichtung* durch Scans, signierte Dateien und sonstige elektronische Schrift-, Ton- und Bildaufzeichnungen spricht das erhöhte Fälschungsrisiko und die geminderte Bedeutsamkeit gegenüber eigenhändiger und öffentlicher Errichtung.[322] Auch bliebe zu bedenken, dass jede Erweiterung der Testierformen die Unterscheidungskraft der geltenden ordentlichen Testierformen mindert und ihrerseits Quelle von Rechtsunsicherheit (Formenvielfalt) sein kann.

II. Nottestamente

1. Befund

Das BGB kennt drei Nottestamente: das Nottestament vor dem Bürgermeister (§ 2249 BGB), das Nottestament vor drei Zeugen (§ 2250 BGB) und das Nottestament auf See (§ 2251 BGB). Die Entscheidungen des historischen Gesetzgebers sind vor dem Hintergrund zu sehen, dass ursprünglich als ordentliches Testament nur das öffentliche Testament vorgesehen war.[323] Schon aus diesem Grund ist

---

dürfte die Anerkennung eines Braille-Testaments als eigenhändiges Testament hingegen nicht sein, weil Blinde – anders als sprech- und schreibunfähige Personen (BVerfGE 99, 341 ff.) – nicht von jeder, sondern nur von der eigenhändigen Testierung ausgeschlossen sind.

[320] Schließlich könnte auch gedacht werden an Veränderungen der Gebührenordnungen für die anwaltliche Beratung im Vergleich zur notariellen Errichtung. Die eigenhändige Errichtung nach anwaltlicher Beratung kann sich durchaus – entgegen der landläufigen Vorstellung – als kostenaufwändiger erweisen als die notarielle Errichtung. Gesteigerte Aufklärungspflichten über die Kostenfolgen wären zugleich ein Beitrag zur Rechtsklarheit und Normenwahrheit.

[321] Die Einrichtung eines Testamentsregisters für öffentliche Testamente soll in Dänemark maßgeblich zum Erfolg des öffentlichen Testaments beigetragen haben; näher *Steiniger*, ZErb 2007, 434 (435).

[322] Kritisch *Görgens*, JR 1979, 357 (358 ff.); de lege ferenda offener *Staudinger/Baumann* § 2247 Rn. 32; zur österreichischen Diskussion *Welser*, Verh. des 17. ÖJT, Bd. II/1 (2009), S. 43.

[323] Mot. V, 281; *Kipp/Coing*, § 29.

die Zeitgemäßheit der drei außerordentlichen Testamentsformen zweifelhaft. Insbesondere dürfte sich die Annahme überholt haben, dass Bürgermeister, Stadtdirektoren oder – wie in Hamburg – Standesbeamte[324] leichter erreichbar seien als ein Notar.[325] Dies gilt vor allem für den heutigen Normal-Notfall: den Krankenhausaufenthalt.[326] Noch zweifelhafter ist die Berechtigung des Seetestaments.[327] Eine Restfunktion haben Nottestamente nur noch dort, wo auch die eigenhändige Errichtung gefährdet ist.

2. *Mögliche Reformen*

Nach dem Vorstehenden würde es genügen, ein „abgespecktes" Drei- oder Zweizeugentestament beizubehalten.[328] Da es sich um ein Laientestament handelt, sollten die Errichtungsvoraussetzungen vom Beurkundungsverfahren abgelöst und in § 2250 BGB leicht verständlich niedergelegt sein.[329] Auch gilt es, die Errichtungsvoraussetzungen an den geänderten Normzweck anzupassen. Wird der Anwendungsbereich auf Situationen beschränkt, in denen die eigenhändige Errichtung durch den Erblasser gefährdet ist, sollte auf eine Niederschrift mit anschließender Unterzeichnung durch den Erblasser und die Zeugen als Errichtungsvoraussetzung verzichtet werden.[330] Zu überlegen wäre allenfalls, die Wirksamkeit des Testaments nach ausländischen Regelungsvorbildern[331] an eine nachträgliche

---

[324] Hamb. GVBl 1958, 441.

[325] Ähnliche Bedenken wurden bereits im Erbrechtsausschuss der Akademie für deutsches Recht vorgetragen; vgl. *Lange* (Fn. 303), S. 90ff.

[326] Vgl. auch die Feststellungen des OLG München, ZEV 2009, 468. Daher für Abschaffung aller Nottestamente *J. Mayer*, ZEV 2002, 140 (141). – Historisches Vorbild wäre das „Testament auf dem Siechbett"; dazu *Kappesser*, Die Nottestamente des BGB (1995), S. 52ff.

[327] Für Abschaffung des Seetestaments etwa *Staudinger/Baumann*, § 2251 Rn. 3; *Voit*, in: Reimann/Bengel/J. Mayer, § 2251 Rn. 2; vorsichtiger *Soergel/J. Mayer*, § 2251 Rn. 1. § 2252 Abs. 3 BGB wäre dann zu streichen.

[328] Die materielle Zulässigkeitsvoraussetzung könnte generalklauselartig umschrieben werden: „Ist der Erblasser aufgrund einer Notlage daran gehindert, ein eigenhändiges Testament zu errichten, kann das Testament durch mündliche Erklärung vor drei Zeugen errichtet werden." Ähnlich bereits § 383 Abs. 2 ZGB-DDR sowie Art. 506 schw. ZGB (mündliche Errichtung vor zwei Zeugen, wenn der Erblasser infolge außerordentlicher Umstände gehindert ist, sich einer der anderen [ordentlichen] Errichtungsformen zu bedienen).

[329] Die geltende Regelung überfordert nicht nur Laien; *J. Mayer*, ZEV 2002, 140 (141); *Lange/Kuchinke*, § 21 VI (S. 400); *Kapesser* (Fn. 326), S. 113ff.

[330] *Lange/Kuchinke*, § 21 VI (S. 400).

[331] Siehe §§ 585f., 597ff. ABGB, Art. 506f. schw. ZGB; ähnlich auch die Regelung in Schweden (Art. 10 § 3 Abs. 2 ÄB) sowie in § 386 ZGB-DDR. Noch weitergehend hat Dänemark im Erbgesetz 2008 die Anforderungen an die Errichtung der Nottes-

Niederschrift zu knüpfen.[332] Schließlich müsste auch § 2252 BGB an den veränderten Normzweck des Nottestaments angepasst werden.[333]

III. Gemeinschaftliches Testament und Erbvertrag

1. Befund

Entgegen den ersten Entwürfen[334] ermöglicht das BGB mit dem gemeinschaftlichen Testament von Ehegatten sowie eingetragenen Lebenspartnern (§§ 2265ff. BGB; § 10 Abs. 4 LPartG) und dem Erbvertrag (§§ 2274ff. BGB) eine lebzeitige Bindung an letztwillige Verfügungen. Die meisten europäischen Rechtsordnungen haben anders entschieden:[335] In den Rechtsordnungen des romanischen Rechtskreises hat die im römischen Recht wurzelnde Skepsis gegenüber lebzeitiger Bindung[336] zu entsprechenden Verboten geführt, die erst in jüngerer Zeit gelockert wurden.[337] Auch im Vergleich zu Ös-

---

tamente gelockert: Danach kann ein Nottestament bei Krankheit oder sonstiger Hinderung an der Errichtung eines Testaments in jeder Form errichtet werden (§ 65 Abs. 1 ARL); weiterer rechtsvergleichender Überblick bei *Kappesser* (Fn. 326), S. 196ff.

332 Ebenfalls zu überlegen ist, ob der geltende Zeugenausschluss des Ehegatten, Lebenspartners und in gerader Linie Verwandter (§ 2250 Abs. 3 S. 2 BGB, § 6 Abs. 1 BeurkG) beizubehalten ist.

333 Etwa nach dem Vorbild von § 386 Abs. 4 S. 2 ZGB-DDR: Fristhemmung nur für den Zeitraum, in welchem der Erblasser weder ein notarielles noch ein eigenhändiges Testament errichten konnte.

334 Die Erste Kommission hatte das gemeinschaftliche Testament noch völlig abgelehnt (Mot. V, 253ff.) und wollte nur den Erbvertrag „als fast durchweg anerkanntes Institut" – ungeachtet vereinzelter Kritik – einführen (Mot. V, 256f., 310f.), anders entschied dann die Zweite Kommission (Prot. V, 367ff., 426ff.); näher *Staudinger/Kanzleiter*, vor §§ 2274ff. Rn. 2; *Battes*, Gemeinschaftliches Testament und Ehegattenerbvertrag als Gestaltungsmittel für die Vermögensordnung in der Familie (1974), S. 43ff., 48ff.

335 Überblick bei *Bonomi*, in: dies. et al (Hrsg.), Droit des successions en Europe (2003), S. 38ff.; *Helms*, Erbvertrag und gemeinschaftliches Testament, in: Basedow/Hopt/R. Zimmermann (Fn. 72), S. 428ff.

336 D 45. 1. 61 sowie C 2. 3. 15; näher *Kaser/Knütel*, Römisches Privatrecht, 19. Aufl. (2008), § 65 Rn. 23.

337 Frankreich: Verbot der pactes sur successions futures (Art. 1130 Abs. 2 C.c.) gelockert durch die Möglichkeit von institutions contractuelles (Art. 1081ff. C.c.) zwischen Ehegatten oder zugunsten von Ehegatten. Allerdings ist die nach Eingehung einer Ehe vereinbarte institution contractuelle frei widerruflich (Art. 1096 C.c.). Italien: Verbot von Erbvertrag (Art. 458 C.c.) und gemeinschaftlichem Testament (Art. 459 C.c.), gelockert durch den mit Gesetz Nr. 55 vom 14. 2. 2006 eingeführten

terreich und der Schweiz kennt Deutschland die vielfältigsten Bindungsmöglichkeiten. In der Schweiz besteht nur die Möglichkeit eines öffentlichen Erbvertrags (Art. 512 ff. ZGB), und Österreich eröffnet Ehegatten zwar neben dem Erbvertrag (§ 1249 ABGB) auch das „wechselseitige" Testament (§ 1248 ABGB), allerdings grundsätzlich ohne lebzeitige Bindung (§§ 1248, 1252 ABGB).[338] Die nordischen Rechtsordnungen kennen sämtlich gemeinschaftliche Testamente, doch kann der überlebende Testator in Schweden und Finnland seine Verfügung nach dem Tod des Erstversterbenden frei widerrufen.[339] Gemeinschaftliche Testamente mit Bindungswirkung kennen aber Dänemark, dort auch für nichteheliche Lebensgefährten,[340] Norwegen,[341] die baltischen Rechtsordnungen[342] sowie das anglo-amerikanische Recht.[343]

2. *Reformanliegen*

Gemeinschaftliches Testament und Erbvertrag verweisen begrifflich auf unterschiedliche Erklärungen für die beim Erbvertrag sofort (§ 2289 Abs. 1 S. 2 BGB) und beim gemeinschaftlichen Testament mit dem Tod des Erstversterbenden (§ 2271 Abs. 2 S. 1 BGB) eintretende Bindung an vertragsmäßige bzw. wechselbezügliche Verfügungen. Hinter dem Erbvertrag steht der *Vertrag* als Erklärung der lebzeitigen Bindung. Schwerer einzuordnen ist das gemeinschaftliche Testament. Der historische Gesetzgeber erklärte die lebzeitige Bindung wechselbezüglicher Verfügungen durch den in der Ehe wur-

patto di famiglia (Art. 768bis ff. C. c.) zur Unternehmensnachfolge; dazu *Kindler*, FamRZ 2007, 954 (960); *Castelli/Molinari*, ZErb 2007, 367. Ausnahmslos unwirksam sind gemeinschaftliche Testamente und Erbverträge in Belgien (Art. 943, 968 C. c.), Griechenland (Art. 1717, 368 ZGB) und Polen (Art. 1047, 942 ZGB).

338 De lege ferenda für die Abschaffung des Erbvertrags *Welser*, Verh. des 17. ÖJT, Bd. II/1 (2009), S. 63.

339 Art. 10 § 7 PK (Finnland); Art. 10 § 7 ÄB (Schweden).

340 §§ 87, 88 ARL.

341 § 57 Lov om arv.

342 Für Estland Art. 87 ff., 102 ff. ErbG; für Lettland Art. 604 ff. ZGB. Litauen sieht hingegen nur ein gemeinschaftliches, öffentliches Testament vor (Art. 5.43 ff. BGB).

343 Zur Bindungswirkung von mutual wills im englischen Recht Re Dale [1994] Ch. 31. In der Praxis wird von mutual wills abgeraten; näher *Kerridge* (Fn. 237), Rn. 6–41. Im amerikanischen Recht kann ein wirtschaftlich vergleichbares Ergebnis schuldrechtlich erzielt werden: Verpflichten sich die Testierenden, nicht abweichend zu verfügen, kann der Verstoß Schadensersatzansprüche begründen, die den Berechtigten wirtschaftlich so stellen, als ob die vertragsgemäße Verfügung nicht widerrufen worden wäre; näher *Hepp*, Der amerikanische Testiervertrag – contract to make a will – aus der Sicht des deutschen Rechts (1991).

zelnden „Zusammenhang im Motiv".[344] Dies spiegelt der herkömmliche Sprachgebrauch („Ehegattentestament") bis heute wider. Ein zentrales Argument für die Unterscheidung von Erbvertrag und gemeinschaftlichem Testament war die Befürchtung, das Wesen der Ehe würde durch „usuelles Abschließen von Verträgen" zwischen den Ehegatten geschädigt.[345] Uns würde heute eher das Gegenteil befremden, also Ehegatten eine Option vorzuenthalten, die Dritten offen steht. Auch ist der Vertrag längst zum Gestaltungsinstrument der Ehe geworden.[346] Parallel zu dieser Entwicklung ist das vertragliche Element bei der Erklärung der Bindungswirkung des gemeinschaftlichen Testaments als Bindungs*wille* infolge Zuwendung in den Vordergrund getreten[347] und die Verbundenheit aufgrund der Ehe zum Motiv geworden.[348] Dies entspricht der familienrechtlichen Tendenz für die Erklärung nachehelicher Solidarität[349] und findet seinen gesetzlichen Niederschlag in der Möglichkeit, die Bindung durch Ausschlagung des Zugewendeten zu beseitigen (§ 2271 Abs. 2 S. 1 BGB gleichlautend mit § 2298 Abs. 2 S. 3 BGB).[350] In der Erklärung und Begründung der Bindungswirkung hat also eine Annäherung des gemeinschaftlichen Testaments an den Erbvertrag stattgefunden.

Die Einsicht in die legitimatorische Annäherung des gemeinschaftlichen Testaments an den Erbvertrag mündet in die seit dem Inkrafttreten des BGB diskutierte Frage, ob an dem Dualismus von gemeinschaftlichem Testament und Erbvertrag festzuhalten ist.[351]

---

[344] Prot. V, 451 (= Mugdan V, 723). Allerdings wurde in den Beratungen auch die Vertragsähnlichkeit des gemeinschaftlichen Testaments betont. Dies rechtfertigt bis heute die vielfältigen Anleihen im Recht des Erbvertrags; näher *Sticherling*, Schenkungen in fraudem testamenti (2005), insbesondere S. 141 ff.

[345] *Laué*, Verdient die im Entwurfe des bürgerlichen Gesetzbuches vorgeschlagene Abschaffung der wechselseitigen Testamente Zustimmung? 20. DJT 1889, Bd. I, 3, 10.

[346] Siehe nur *Gernhuber/Coester-Waltjen* (Fn. 252), § 18 Rn. 13 ff., § 32.

[347] Angedeutet bereits bei RGZ 6, 174; 25, 138; in diese Richtung etwa BGHZ 160, 33 ff., wonach Verfügungen bei entsprechendem Willen auch als wechselbezügliche fortgelten können (§ 2268 Abs. 2 BGB); zustimmend *G. Müller*, RPfleger 2005, 493 (496); weitergehend *Jacobs*, in: FS für Bosch (1976), S. 447 (454 ff.); a. A. *Muscheler*, DNotZ 1994, 733 (742 ff.); *J. Mayer*, in: Reimann/Bengel/J. Mayer, § 2268 Rn. 12.

[348] Etwa *Pfeiffer*, FamRZ 1993, 1266 (1272 ff.).

[349] Siehe zum nachehelichen Unterhalt als Ausgleich ehebedingter Nachteile *Dethloff*, 67. DJT 2008, A 47 ff., 67 ff.; *Brudermüller*, Geschieden und doch gebunden? (2008), S. 140 ff., 172 ff.

[350] Wer die Bindung aufgrund gemeinschaftlichen Testaments in erster Linie auf Solidaritätsgesichtspunkte stützt, wird für eine Abschaffung von § 2271 Abs. 2 S. 1 BGB plädieren; so *Battes* (Fn. 250), S. 282.

[351] Siehe nur *Kipp/Coing*, § 33 III; zum Diskussionsstand bei Entstehung des BGB *Schubert*, Die Vorlagen der Redaktoren für die erste Kommission, Erbrecht Bd. 1, S. 388 ff.; Mot. V, 253 ff.; Prot. V, 426 f. Die Einführung des gemeinschaftlichen Testa-

Gemessen an der gesetzlichen Regelungsdichte haben sich die §§ 2274 ff. BGB ohnehin als das eigentliche Regelungsmodell erwiesen, insbesondere mit Blick auf das Selbstanfechtungsrecht des Erblassers (§§ 2281 ff. BGB) und seine lebzeitige Verfügungsbefugnis (§§ 2286, 2287 BGB). Die bereits kurze Zeit nach Inkrafttreten des BGB offenbar gewordenen Lücken in der Regelung des gemeinschaftlichen Testaments werden bis heute durch analoge Anwendung der erbvertraglichen Vorschriften geschlossen.[352]

In dieselbe Richtung weist der praktische Befund: Zumeist wird der Erbvertrag als das gestaltungsoffenere und „leistungsfähigere" Instrument empfohlen.[353] Eine Reduktion der Rechtsformen wäre also nicht mit einem Verlust an Gestaltungsfreiheit verbunden. Denn die vom Gesetz idealtypisch vorgesehene Abstufung in der Bindungswirkung zwischen gemeinschaftlichem Testament und Erbvertrag lässt sich durch Rücktritts- und Änderungsvorbehalte nivellieren.[354] Dies hätte den weiteren Vorteil, dass sich der Erblasser durch Urkundeneinsicht Gewissheit über seine Rechte verschaffen kann.[355]

Die verbleibenden Unterschiede zwischen gemeinschaftlichem Testament und Erbvertrag sind formaler Natur. Einen Unterschied – die früher nicht vorgesehene Rücknahme des Erbvertrags aus der amtlichen Verwahrung – hat der Gesetzgeber inzwischen beseitigt.[356] Damit reduziert sich das Proprium des gemeinschaftlichen Testaments auf das Formprivileg der eigenhändigen Errichtung (§ 2267 BGB). Allerdings steht gerade die Richtigkeit dieser historisch überstürzten[357] Entscheidung des Gesetzgebers in Zweifel. Dies belegen

ments geht maßgeblich auf die Beschlüsse des 20. DJT 1889 zurück (Gutachten von *Laué* [Bd. I, 1 ff.] und *Wilke* [Bd. I, 13 ff.], Referat von *Enneccerus* [Bd. IV, 314 ff.]).

[352] Erstmals RGZ 58, 64 für § 2287 BGB und RGZ 77, 165; 87, 95 (97 ff.) zu §§ 2281 ff. BGB. Aus dem Schrifttum siehe nur *Kanzleiter*, in: FS für Otte (2005), S. 157 ff.; *Sticherling*, Schenkungen in fraudem testamenti (2005); zur analogen Anwendbarkeit des § 2287 BGB bereits vor Eintritt der Bindungswirkung etwa *v. Dickhuth-Harrach*, FamRZ 2005, 322 (324 ff.) m. w. N.; insgesamt zweifelnd *Iversen*, ZEV 2004, 55 ff. – Eine bislang nur theoretische Frage ist, ob auch § 2282 Abs. 2 BGB auf das gemeinschaftliche Testament zu übertragen ist; dafür etwa *Helms*, DNotZ 2003, 104 (109 ff.); *v. Dickhuth-Harrach*, in: FS für Otte (2005), S. 73 (82); *K. Lange*, ZEV 2008, 313 (317 ff.).

[353] Etwa *Battes* (Fn. 334) S. 283; *Basty*, MittBayNot 2000, 73 (74); *v. Dickhuth-Harrach* (Fn. 352), S. 55 (94 ff., 99 f).

[354] Näher z. B. *J. Mayer*, DNotZ 1990, 755.

[355] *v. Dickhuth-Harrach* (Fn. 352), S. 55 (100); *Staudinger/Kanzleiter*, vor §§ 2265 ff. Rn. 34.

[356] Siehe § 2300 Abs. 2 BGB n. F.; Abs. 2 angefügt mit Wirkung vom 1. 8. 2002 durch Art. 25 Abs. 1 OLGVertrÄndG vom 23. 7. 2002 (BGBl. I 2850).

[357] Das gemeine Recht kannte das gemeinschaftliche Testament nur als öffentliches (Zeugen-)Testament. Als der Reichstag das private Testament einführte, übersah man, dass die Regeln des gemeinen Rechts nur für das öffentliche Testament passten; näher *Kipp/Coing*, § 33 III. 1; *Coing*, JZ 1952, 611 ff.

schon die Unsicherheiten über den geforderten Errichtungszusammenhang.[358] Noch gewichtiger dürfte die Einsicht sein, dass die Beteiligten die Bindungswirkung regelmäßig verkennen[359] und nicht selten die Errichtung überhaupt vergessen.[360] Das gemeinschaftliche Testament wird offenbar eher als Ausdruck lebzeitiger Gemeinsamkeit und nicht als Verlust der Testierfreiheit mit dem Tod des Ehegatten empfunden. Dazu treten die bei eigenhändiger Errichtung größeren Unsicherheiten über die Feststellung der Wechselbezüglichkeit und das höhere Risiko emotional „abgepresster" Anschlusserklärungen des weniger durchsetzungsstarken oder erfahrenen Ehegatten.[361]

3. Mögliche Reformen

a) Gemeinschaftliches Testament

Es spricht viel dafür, die nur noch historisch erklärbare Entscheidung des Gesetzgebers für das gemeinschaftliche Testament zu korrigieren. Die Erfahrungen der Praxis lehren, dass die eigenhändige, vielfach unberatene Errichtung eines gemeinschaftlichen Testaments im Regelfall auf Fehlvorstellungen über die Bindungswirkung gründet. Will man gleichwohl am Fortbestand einer Ehegatten und eingetragenen Lebenspartnern vorbehaltenen gemeinschaftlichen Verfügungsform festhalten, sollte eine lebzeitige Bindung an eine öffentliche Errichtung geknüpft werden.[362] Zugleich sollte die Gelegenheit genutzt werden, die bislang unvollständige Regelung des gemeinschaftlichen Testaments durch ausdrückliche Verweisungen auf die §§ 2281ff., 2286ff. BGB zu ergänzen. Ehrlicher wäre es aber, noch einen Schritt weiter zu gehen und das gemeinschaftliche Testament ganz aufzugeben.[363] Die damals für die Einführung des gemein-

---

[358] Siehe nur die Darstellungen bei *J. Mayer*, in: Reimann/Bengel/J. Mayer, vor §§ 2265ff Rn. 12ff.; *Pfeiffer*, FamRZ 1993, 1266 (1269ff.); *Lange/Kuchinke*, § 24 III (S. 431ff.).

[359] So die Einschätzung von *Battes* (Fn. 334) S. 260ff.; *v. Dickhuth-Harrach* (Fn. 352), S. 55 (65, 73); *Staudinger/Kanzleiter*, vor §§ 2265ff Rn. 54; *J. Mayer*, in: Bengel/Reimann/J. Mayer, vor §§ 2265ff. Rn. 44; *Leipold*, ZEV 2001, 218 (221); *Basty*, MittBayNot 2000, 73 (74); *N. Mayer*, ZEV 1997, 325 (326).

[360] Vgl. BayObLG, MittBayNot 1995, 145 (146) sowie *Schmucker*, MittBayNot 2001, 526.

[361] *Lange/Kuchinke*, § 24 I 1 b (S. 420).

[362] Siehe bereits den Vorschlag von *Battes* (Fn. 250), S. 303.

[363] Genauso *Staudinger/Kanzleiter*, vor §§ 2265ff. Rn. 54. Dann wäre folgerichtig weiter zu überlegen, ob für sämtliche Erbverträge oder jedenfalls für solche von Ehegatten die vertragsmäßige Verfügung erst mit dem Tod des Vertragspartners unwiderruflich werden soll. Ebenfalls für eine Angleichung der Bindungswirkung, aber in die

schaftlichen Testaments vorgetragenen Argumente – insbesondere der Hinweis auf das Wesen der Ehe sowie die vorgefundene Sitte[364] – haben an Überzeugungskraft verloren. Diese Korrektur entspräche der zwischenzeitlichen legitimatorischen Annäherung des gemeinschaftlichen Testaments an den Erbvertrag und wäre ein Beitrag zur Rechtsklarheit.

b) Schutz vor unbedachter Selbstbindung

Sowohl für den Erbvertrag und mehr noch für das gemeinschaftliche Testament ist zu überlegen, den Erblasser stärker vor leichtfertiger, unbedachter Selbstbindung zu schützen. Der historische Gesetzgeber schätzte die Gefährdungslagen beim gemeinschaftlichen Testament und beim Erbvertrag unterschiedlich ein: Beim Erbvertrag wurde auf eine gesetzliche Zweifelsregel nach dem Vorbild von § 2270 Abs. 2 BGB verzichtet.[365] Der Gesetzgeber hielt eine Regelung für entbehrlich, weil sich schon aus dem Charakter des Erbvertrags ergebe, dass die in ihm enthaltenen Verfügungen im Zweifel vertragsmäßig seien.[366] Von dieser Vorstellung hat sich die Rechtsprechung bereits kurz nach Inkrafttreten des BGB gelöst.[367] Dennoch spielen Zweifelsregeln nach wie vor eine große Rolle: Die Rechtsprechung nimmt vertragsmäßige Verfügungen im Zweifel nach denselben Regeln an, nach denen gemäß § 2270 Abs. 2 BGB wechselbezügliche Verfügungen vorliegen sollen.[368] Gleichwohl sollte der Versuchung widerstanden werden, vergleichbare Regeln für den Erbvertrag auszuprägen. Indem der Gesetzgeber die vertragsmäßige Verfügung weder definiert noch sonst erklärt oder aus möglichen Verfügungsinhalten ableitet, veranlasst er die beratenen Parteien zu einer bewussten, im Idealfall *ausdrücklichen* Erklärung darüber, ob eine Verfügung als vertragsmäßige gewollt ist oder nicht. Auch dürften die weit verbreiteten Änderungs- und Rücktrittsvorbehalte die Vermutung entkräftet haben, dass beide Beteiligten mit dem Abschluss eines Erbvertrags im Zweifel auch Bindung gewollt haben. Im Gegenteil: Nicht nur bei Ehegattenerbverträgen wird Än-

---

umgekehrte Richtung – Wechselbezüglichkeit als Vertragsmäßigkeit – siehe *Battes* (Fn. 250), S. 257 ff., 301 ff.

[364] Prot. V, 426.

[365] E 1 enthielt in § 1956 eine § 2270 Abs. 2 BGB funktional entsprechende Regelung für das Vorliegen vertragsmäßiger Verfügungen; dazu Mot. V, 333 ff. sowie Prot. V, 400 ff.

[366] So die Auffassung der Zweiten Kommission, Prot. V, 402.

[367] RGZ 116, 321 ff.

[368] BGHZ 106, 359 ff.; *Lange/Kuchinke*, § 25 IV (S. 476); *Staudinger/Kanzleiter*, § 2278 Rn. 9 f.; *J. Mayer*, in: Reimann/Bengel/J. Mayer, § 2278 Rn. 12.

derungs- und Rücktrittsvorbehalten ein weiterer Bedeutungszuwachs prognostiziert.[369] Die gestiegene Lebenserwartung macht inzwischen eher die umgekehrte Vermutung – im Zweifel so wenig Bindung wie nötig – plausibel.[370] Auch dürften sich die Absichten und Motive, die die Beteiligten mit dem Abschluss eines Erbvertrags verfolgen, noch weiter ausdifferenzieren. Die Entscheidung über das „ob", „ab wann", „wie lange" und „inwieweit" der erbvertraglichen Bindung sollte daher allein der bedachten Entscheidung der Beteiligten überantwortet werden. Dies spricht dafür, Bindungen weder durch geschriebene noch durch richterliche Zweifelsregeln zu begünstigen. Gesetzliches Leitbild sollte der ungebundene Erblasser sein.

Es sind daher sowohl für das gemeinschaftliche Testament als auch für den Erbvertrag Klarstellungen zu überlegen. Rechtssicherheit und Intentionalität ließen sich am deutlichsten fördern, wenn nur solche Verfügungen als bindend angesehen würden, die in öffentlicher Urkunde ausdrücklich als solche bezeichnet sind. Dadurch ließen sich unnötige Auslegungsstreitigkeiten verhindern. Zugleich könnte das Erfordernis ausdrücklicher Benennung der als wechselbezüglich gewollten Verfügungen ein höheres Maß an Bewusstsein und Warnung garantieren.[371] Dies ist umso nötiger, als mit Blick auf Erbverträge mit Rücktrittsvorbehalt auch eine *sofort* eintretende Einschränkung der lebzeitigen Verfügungsmacht analog § 2287 BGB konsequent erschiene.[372]

Im Übrigen müsste § 2270 Abs. 2 BGB auch inhaltlich überprüft werden. Abgesehen von der entscheidenden Frage, ob wirklich bei gegenseitigen Zuwendungen allein aus dem Zuwendungswillen auch der Bindungswille gefolgert werden kann,[373] bleibt zu überlegen, ob

---

369 Etwa *J. Mayer*, in: Reimann/Bengel/J. Mayer, § 2278 Rn. 13; *ders.*, DNotZ 1990, 755 ff.

370 Aus notarieller Perspektive *v. Dickhuth-Harrach* (Fn. 352), S. 65 (73) m. w. N.

371 Dieser Gedanke kommt auch darin zum Ausdruck, dass § 2270 Abs. 2 BGB eine „getroffene" Verfügung voraussetzt. Daran fehlt es richtigerweise, wenn die Begünstigung allein auf § 2069 BGB beruht; so BGHZ 149, 363 (368 ff.); zustimmend *J. Mayer*, in: Reimann/Bengel/J. Mayer, § 2270 Rn. 36 m. w. N. zum Streitstand; zuvor schon *Lange/Kuchinke*, § 24 V (S. 452).

372 Hierfür insbesondere *v. Dickhuth-Harrach*, FamRZ 2005, 322 (326 ff.); für Zuwendungen durch Vertrag zugunsten Dritter auf den Todesfall *Speth*, NJW 1985, 463 ff.

373 Letztlich geht es um die Entscheidung, ob es über § 2270 Abs. 2 BGB aus Gründen der ehelichen Solidarität auch ohne ausdrücklichen Bindungswillen im Zweifel zu einer wechselbezüglichen Bindung kommen soll. Dafür mag die vermutete, heute eher noch gestiegene subjektive Qualität der ehelichen Verbundenheit sprechen (siehe oben, D. I. 1.). Die in der Praxis beobachtbaren „Überraschungen" infolge gemeinschaftlicher Testamente weisen dagegen in eine andere Richtung (oben bei Fn. 360). Es erscheint daher falsch, aus der gestiegenen Qualität der Verbundenheit auf einen Ver-

es noch zeitgemäß ist, als im Zweifel wechselbezüglich begünstigte „Person“ i.S. von § 2270 Abs. 2 BGB nur natürliche Personen und nicht auch vom Erblasser errichtete Stiftungen oder ähnlich nah verbundene Einrichtungen anzusehen.[374] Auch ist es keineswegs selbstverständlich, die beiderseitige Begünstigung gemeinsamer Kinder im Zweifel nicht als wechselbezüglich anzusehen.[375]

c) Einzelfragen des sog. Berliner Testaments

aa) Einheitslösung

Auf Betreiben der Zweiten Kommission wurde in das BGB die Zweifelsregel zugunsten der sog. Einheitslösung (Vollerbschaft des länger lebenden Ehegatten und Schlusserbschaft des Drittbegünstigten) in das BGB aufgenommen.[376] Dafür hat sich – historisch ungenau – der Begriff „Berliner Testament“ durchgesetzt.[377] In systematischer Hinsicht steht die vermutete Einheitslösung allerdings in einem Spannungsverhältnis zur individualistisch gestalteten gesetz-

---

zicht der Testierfreiheit zu schließen. – Will man gleichwohl an § 2270 Abs. 2 BGB festhalten und aus dem Zuwendungsversprechen auf den Bindungswillen schließen, geht es letztlich um die Ausgestaltung der ehelichen Solidargemeinschaft; in diese Richtung insbesondere *Battes* (Fn. 250), S. 258 ff., 265 ff. mit der Konsequenz, dass Bindungswirkung kraft Solidarität auch dann vermutet wird, wenn die wechselseitigen Zuwendungen aufgrund der unterschiedlichen Vermögensverhältnisse ohne Äquivalent sind. Konsequent folgert *Battes* hieraus, dass sich der Überlebende in diesen Fällen nicht durch Ausschlagung von der Bindungswirkung befreien kann (S. 282). Dieses Verständnis rückt das gemeinschaftliche Testament in die Nähe der (fortgesetzten) Gütergemeinschaft. – Sowohl die aus der Praxis berichteten Überraschungen über die Bindungswirkung als auch das Bemühen um Entflechtung von Güterrecht und Erbrecht (oben, D. I. 2. a) sprechen dafür, das gemeinschaftliche Testament von Solidaritätsvermutungen zu entkleiden. Dann sollte auf den Gedanken einer allein kraft ehelicher Solidarität vermuteten Bindung bei gegenseitigen Zuwendungen verzichtet werden.

[374] Offen gelassen von BayObLG, FamRZ 1986, 604, 606; ablehnend *Staudinger/Kanzleiter*, § 2270 Rn. 31; *Battes* (Fn. 250), S. 280; anders OLG München, ZEV 2000, 104; für möglich gehalten auch von *J. Mayer*, in: Reimann/Bengel/J. Mayer § 2270 Rn. 64. Ähnlich die pflichtteilsrechtlichen Überlegungen (Stiftung gleich einem weiteren Kind des Erblassers) von *Hüttemann/Rawert*, in: Röthel (Fn. 5), S. 73 (84 f.).

[375] So (obiter) BGHZ 149, 363 (364); *Kipp/Coing*, § 35 II 1; MünchKommBGB/*Musielak*, § 2270 Rn. 12; *Staudinger/Kanzleiter*, § 2270 Rn. 28; a. A. OLG Köln, FamRZ 1993, 1371; *J. Mayer* in: Reimann/Bengel/J. Mayer, § 2270 Rn. 57.

[376] Prot. V, 406 f.

[377] Die Bezeichnung soll auf eine vor allem in Berlin unter Ehegatten verbreitete Testamentsgestaltung verweisen (vgl. ALR I 12 §§ 648 ff.). Allerdings war dort eher die fideikommissarische Substitution gebräuchlich, also eher der heutigen Trennungslösung vergleichbar. Kodifikatorisches Vorbild der Einheitslösung dürfte das bayerische Landrecht (CMBC III 4 § 11 Nr. 5) gewesen sein; siehe *Sticherling*, JuS 2002, 1248.

lichen Erbfolge, zum Pflichtteilsrecht der Kinder[378] sowie zum Vermögenskonzept des gesetzlichen Güterstands (§§ 1364 ff. BGB).[379] Indes dürfte die mit der Einheitslösung verbundene Vorstellung einer über den Tod hinauswirkenden Vermögensgemeinschaft dem Selbstverständnis vieler Ehegatten heute sogar noch mehr entsprechen als zu Beginn des letzten Jahrhunderts.[380] In dieselbe Richtung weisen die Veränderungen in der lebzeitigen Praxis des ehelichen Wirtschaftens.[381] Auf dieses Selbstverständnis hat das Ausmaß sozialversicherungsrechtlicher Absicherung allenfalls nachrangig Einfluss.[382] Auch in der beratenden Praxis und den gängigen Formularsammlungen besteht eine Tendenz zugunsten der Einheitslösung.[383] Insoweit erscheint § 2269 BGB nach wie vor zeitgemäß.[384]

bb) Wiederverheiratungsklauseln

Allerdings bewältigt § 2269 BGB allenfalls die Spitze des juristischen Eisbergs an Folgefragen. Dies gilt vor allem mit Blick auf die teilweise noch immer empfohlenen *Wiederverheiratungsklauseln.*[385]

---

[378] Diese Konkurrenz ließe sich durch den Ausschluss von Pflichtteilsansprüchen von Kindern nach dem Erstversterbenden auflösen; dagegen bereits *Martiny*, 64. DJT 2002, A 94 ff. sowie Verh. 49. DJT 1972, Bd. II, K 152, 160 f.

[379] Dazu *Röthel*, FPR 2009, 273 ff.

[380] Zur *Horizontalisierungstendenz* (Höherbewertung der Paarsolidarität gegenüber der Generationensolidarität) bereits oben D. I. 2. sowie *Willutzki* (Fn. 245). – Dies entspricht der Testierpraxis: Nach *Vollmer* (Fn. 14), S. 68 ff. wird der Ehegatte in 63% der ausgewerteten gemeinschaftlichen Testamente zum Alleinerben (Einheitslösung) eingesetzt.

[381] Die vielfach praktizierte dingliche Mitbeteiligung (Miteigentum) ist umso bemerkenswerter, als der gesetzliche Güterstand der Zugewinngemeinschaft eine solche dingliche Mitbeteiligung gerade nicht erzwingt; vgl. *Röthel*, FPR 2009, 273 ff. Sie beruht also allein auf dem solidarischen Selbstverständnis der Ehegatten.

[382] *Buchholz*, FamRZ 1985, 872 (880 Fn. 112).

[383] *Radke*, Das Berliner Testament und die gegenseitige gemeinschaftliche Einsetzung der Ehegatten zu Vorerben in Formularsammlungen (1999), S. 19 ff.; etwa *Langenfeld*, Testamentsgestaltung, 3. Aufl. (2002), Rn. 314 f.; *ders.*, NJW 1996, 2601 (2604); jedenfalls bei längerer Ehedauer *Staudinger/Kanzleiter*, vor §§ 2265 ff Rn. 45.

[384] Zu den steuerlichen „Nebenwirkungen" des Berliner Testaments *J. Mayer*, in: Reimann/Bengel/J. Mayer, vor §§ 2265 ff. Rn. 47, wie hier § 2269 Rn. 104. – Kleinere bis durchschnittliche Nachlässe (100 000 €; siehe oben B. I. 1, Fn. 13) werden sich auch im zweiten Erbgang noch innerhalb der steuerlichen Freibeträge bewegen (§ 16 Abs. 1 ErbStG). Die steuerrechtliche Kritik am Berliner Testament zielt auf die ohnehin regelmäßig beratene Gestaltung größerer Nachlässe; zu den Gestaltungsmöglichkeiten etwa *J. Mayer*, ZEV 1998, 50 ff.; *S. Schmidt*, BWNotZ 1998, 97 ff.; *Bühler*, BB 1997, 551 ff.; *Langenfeld*, JuS 2002, 351 ff.

[385] Siehe noch die Auswertung bei *Radke* (Fn. 383), S. 62 ff.; anders inzwischen etwa *Fenner*, in: Hoffmann-Becking/Rawert (Hrsg.), Beck'sches Formularbuch Bürgerliches, Handels- und Wirtschaftsrecht, 10. Aufl. (2010), Form. VI. 9. Anm. 1. Nach Auswertungen von *Vollmer* (Fn. 14), S. 108 f. enthalten inzwischen nur noch etwa 6% aller Verfügungen von verheirateten Erblassern Wiederverheiratungsklauseln.

Sie führen die von den Ehegatten angenommene Vermögensgemeinschaft konsequent zu Ende, wenn der Überlebende eine neue Ehe eingeht. Wirtschaftlich dienen sie Verteilungszwecken: Das Vermögen soll nicht in die neue Familie abwandern, sondern sogleich den Schlusserben, regelmäßig den gemeinsamen Kindern, zufallen.[386]

Im Einzelnen gehören Inhalt und Rechtsfolgen von Wiederverheiratungsklauseln zu den unübersichtlichsten Materien des deutschen Erbrechts. Denn der Gesetzgeber hat mit § 2269 BGB nur die Nachlassaufteilung zwischen Ehegatten und Schlusserben, zumeist gemeinsamen Kindern, geregelt. Für die Nachlassaufteilung zwischen Erst- und Zweitfamilie fehlt ein gesetzliches Modell. Auch wenn die Wiederverheiratung nach dem Tod des Ehegatten keinen so sprunghaften Bedeutungsanstieg wie die Wiederverheiratung nach Scheidung erfahren hat, sollte diese Leerstelle geschlossen werden, jedenfalls wenn man am eigenhändigen gemeinschaftlichen Testament festhält.[387]

Die Durchsicht der kautelarjuristischen Gestaltungsvorschläge gibt einen Eindruck von der Bandbreite an Gestaltungsfragen und Lösungsmöglichkeiten.[388] Bei unberatener, eigenhändiger Errichtung eines Berliner Testaments wird den Beteiligten vielfach kaum bewusst sein, was sie für den Wiederverheiratungsfall anordnen. Hinzu treten konstruktive Zweifelsfragen. Zumeist wird angenommen, dass der Überlebende mit seiner Wiederverheiratung *rückwirkend* zum auflösend bedingten Vollerben und aufschiebend bedingten Vorerben werde.[389] Andere folgern aus der mit der Wiederverheiratungsklausel verbundenen bedingten Erbeinsetzung (§ 2074 BGB) zwingend die Vorerbenstellung des Längerlebenden.[390] Nahezu einhellig wird dann allerdings vermutet, dass der Längerlebende befreiter Vorerbe (§ 2136 BGB) ist.[391] Dem regelmäßigen Anliegen der Ehegatten und dem Grundgedanken der Einheitslösung entspricht es am

---

[386] Vgl. *J. Mayer*, in: Reimann/Bengel/J. Mayer, § 2269 Rn. 58.

[387] Dabei wäre noch eingehender zu überlegen, ob es überhaupt einen typischen Regelfall gibt, oder ob die Vermögensverteilung infolge Wiederverheiratung je nach Familienkonstellation und insbesondere Alter der Beteiligten so individuell ist, dass sich jede generelle Regel verbietet (siehe einerseits *Basty*, MittBayNot 2000, 73 [75 f.]; andererseits *Langenfeld*, NJW 1987, 1577 [1583]). In diesem zweiten Fall wäre zu prüfen, Wiederverheiratungsklauseln nur in öffentlich errichteten Verfügungen zuzulassen, auch um der schleichenden Überalterung einmal getroffener Regelungen vorzubeugen.

[388] Insbesondere durch Freistellungs-, Änderungs-, Anfechtungs- und Pflichtteilsklauseln; siehe nur die Übersicht bei *Radke* (Fn. 383), S. 61 ff. und aus jüngerer Zeit etwa *Fenner*, in: Hoffmann-Becking/Rawert (Hrsg.), Beck'sches Formularbuch Bürgerliches, Handels- und Wirtschaftsrecht, 10. Aufl. (2010), Form. VI. 8. § 4, 6 sowie Form. VI. 9 § 4.

[389] BGHZ 96, 198 (203); *Staudinger/Kanzleiter*, § 2269 Rn. 42 jeweils m. w. N.

[390] *Wilhelm*, NJW 1990, 2857 (2863); *Staudinger/Otte*, § 2074 Rn. 21 f.; *Lange/Kuchinke*, § 24 IV (S. 442).

[391] *Wilhelm*, NJW 1990, 2857 (2858); *Staudinger/Kanzleiter*, § 2269 Rn. 44.

ehesten, den überlebenden Ehegatten bis zur Wiederverheiratung als Vollerben anzusehen.[392] Ansonsten schmilzt die Wiederverheiratungsklausel die Unterschiede zwischen Einheits- und Trennungslösung auf die Reichweite von § 2136 BGB ein.[393] Angesichts der Unsicherheiten, ob eine bedingte Vollerbschaft außerhalb der §§ 2100ff. BGB nach geltendem Recht überhaupt möglich ist, wäre eine korrigierende[394] Klarstellung sinnvoll. Diese Unsicherheiten wiegen angesichts der Gebräuchlichkeit der Wiederverheiratungsklauseln besonders schwer.[395] Einem dahin gehenden Gestaltungswillen der Ehegatten sollte nicht aus „rechtstechnischen" Gründen die Anerkennung versagt werden. Immerhin liegt die vollständige Verfügungsfreiheit des Ehegatten bis zur Wiederverheiratung ganz im Geist der Einheitslösung und der damit bezweckten vermögensmäßigen *Dispositionsfreiheit* des Längerlebenden.[396] Das alternativ empfohlene bedingte Vermächtnis[397] ist der Erbenstellung nicht gleichwertig. Eine andere Lösung wäre, § 2113 BGB vollständig disponibel zu gestalten (§ 2136 BGB)[398] und auf diese Weise die Unterschiede zwischen bloß bedingter Erbenstellung (§§ 161ff. BGB) und Vorerbschaft (§§ 2113ff. BGB) einzuebnen.

Ein weiterer Zweifelspunkt von Wiederverheiratungsklauseln betrifft die Auswirkungen der Wiederverheiratung auf die Bindung des Längerlebenden an seine Verfügungen. Überwiegend wird inzwischen angenommen, dass mit der Wiederverheiratung im Zweifel die Bindung des Längerlebenden von selbst entfällt oder jedenfalls widerruflich ist:[399] „Wer sein Erbe verliert, soll auch nichts vererben müssen."[400] Dies entspricht kautelarjuristischen Empfehlungen[401]

---

[392] *Buchholz*, Erbfolge und Wiederverheiratung (1986), S. 30ff., 55f.; MünchKommBGB/*Musielak*, § 2269 Rn. 54.

[393] Zur Vor- und Nacherbschaft noch unten, F. II. 3. b aa.

[394] Ausweislich der Materialien (Mot. V, 43f.) hielt der historische Gesetzgeber eine bedingte Erbeinsetzung nur als Vor-/Nacherbschaft für möglich; siehe *Wilhelm*, NJW 1990, 2857 (2862f.). Hintergrund war die Überwindung der römischen „semel heres, semper heres"-Regel; vgl. *Buchholz* (Fn. 392), S. 51ff.

[395] Für die Kautelarpraxis stellt sich bereits die Frage, ob Wiederverheiratungsklauseln angesichts dieser Unsicherheiten überhaupt noch empfohlen werden können; siehe *J. Mayer*, in: Reimann/Bengel/J. Mayer, § 2269 Rn. 66.

[396] Genauso *Buchholz* (Fn. 392), S. 30ff.

[397] Etwa *Wilhelm*, NJW 1990, 2857 (2858, 2864).

[398] Zu § 2136 BGB auch noch unten, F. II. 3. b aa.

[399] BayObLG, FamRZ 2002, 640 (641); *Leipold*, FamRZ 1988, 352 (354); *Erman/M. Schmidt*, § 2269 Rn. 14; für Widerruflichkeit MünchKommBGB/*Musielak*, § 2269 Rn. 62; *Kipp/Coing*, § 35 II 2; *Lange/Kuchinke*, § 24 IV 3e (S. 444); für graduellen Fortbestand der Bindung je nach Ausmaß des Vermögenserwerbs *Staudinger/Kanzleiter*, § 2269 Rn. 48f.; *Soergel/Wolf*, § 2269 Rn. 31; zum älteren Meinungsstand *Buchholz* (Fn. 392), S. 67ff., 78ff.

[400] Formulierung nach *Buchholz* (Fn. 392), S. 110.

[401] Ausgewertet bei *Radke* (Fn. 383), S. 84ff.

und soll gleichfalls für Erbverträge gelten.[402] Auch hierin hat sich das gemeinschaftliche Testament dem Erbvertrag angenähert: In beiden Fällen beruht das (vermutete) Einverständnis mit der Bindung auf Äquivalenzerwägungen.[403] Ein Wille zu weitergehender Solidarität der Ehegatten ist natürlich immer denkbar. Doch wäre es angesichts der undeutlichen Vorstellungen in der Laiensphäre verfehlt, solchen Solidaritätswillen allein aus der Entscheidung für die Form des gemeinschaftlichen Testaments zu schließen,[404] zumal die Vereinbarung einer Wiederverheiratungsklausel in die andere Richtung weist. Will man gleichwohl an dem Nebeneinander von gemeinschaftlichem Testament und Erbvertrag festhalten, wäre eine Kodifikation der bislang angenommenen Vermutungsregel – Wiederverheiratungsklausel bedeutet im Zweifel Wegfall der Bindung mit der Wiederverheiratung – eine klärende Ergänzung zu § 2269 BGB, die den Umgang mit Berliner Testamenten erleichtern dürfte.[405] Die gegenteilige Vermutung – im Zweifel Fortbestand der Bindung – widerspräche den Erfahrungen und Empfehlungen der Praxis. Würde gleichwohl der Fortbestand der Bindung zum gesetzlichen Regelfall, läge darin außerdem eine Entscheidung über das Ausmaß einforderbarer Solidarität, die der gesetzlichen Erbfolge und dem Pflichtteilsrecht vorbehalten bleiben sollte.

d) Lebzeitige Verfügungsbefugnis

Nach geltendem Recht berührt der Verlust der Testierfreiheit grundsätzlich nicht die Freiheit, zu Lebzeiten zu verfügen (§ 2286 BGB). Anderes gilt für unentgeltliche Verfügungen: Gemäß § 2287 Abs. 1 BGB kann der Vertragserbe die Herausgabe des Geschenks verlangen, wenn der Erblasser in Beeinträchtigungsabsicht handelte. Die rechtspolitische Tendenz seit Inkrafttreten des BGB hat § 2287 BGB kontinuierlich gestärkt. In persönlicher Hinsicht wird § 2287 BGB analog auf den durch gemeinschaftliches Testament gebunde-

---

[402] OLG Karlsruhe, NJW 1961, 1410; OLG Zweibrücken, OLGZ 1973, 217; MünchKommBGB/*Musielak*, § 2280 Rn. 8.

[403] Näher *Buchholz* (Fn. 392), S. 86ff.

[404] In diese Richtung aber *Battes* (Fn. 334), S. 354ff.: im Zweifel Halbteilung; für Fortbestand der Bindung, soweit nicht Freistellung vereinbart wurde *Buchholz* (Fn. 392), S. 86ff., 90ff.; i. Erg. genauso *J. Mayer*, in: Reimann/Bengel/J. Mayer, § 2269 Rn. 70; *Jünemann*, ZEV 2000, 81 (85f.).

[405] Das Anfechtungsrecht des wieder heiratenden Ehegatten nach § 2079 BGB bleibt dahinter in doppelter Hinsicht zurück: Erstens muss es fristgerecht ausgeübt werden, und zweitens entfällt es nach § 2079 S. 2 BGB; siehe nur *Buchholz* (Fn. 392), S. 66f. Auch hierzu empfehlen sich ausdrückliche Regelungen; Übersicht bei *Radke* (Fn. 383), S. 154ff.

nen Erblasser nach dem Tod des Ehegatten angewendet.[406] In sachlicher Hinsicht wird Beeinträchtigungsabsicht bereits dann angenommen, wenn hinter der Schenkung kein „lebzeitiges Eigeninteresse" steht.[407] § 2287 BGB wird seither als Generalklausel zur Missbrauchsverhinderung verstanden: Die vom Gesetzgeber ursprünglich in den Vordergrund gestellte Motivation des Schenkers ist abgelöst worden von einer Interessenabwägung zwischen der Bindung des Erblassers und den Gründen für die Schlechterstellung des Bedachten.[408]

Mit dieser Abwägungslösung steht Deutschland im Rechtsvergleich allein. In Österreich werden lebzeitige Schenkungen generell als zulässig erachtet, soweit kein Veräußerungsverbot vereinbart wurde (§§ 1252f., 364c ABGB). Die meisten Rechtsordnungen haben umgekehrt entschieden: Lebzeitige Schenkungen des gebundenen Erblassers sind ohne weitere Abwägung anfechtbar (Art. 494 Abs. 3 schw. ZGB), begründen Schadensersatzpflichten *(breach of contract)* oder sind ex lege unwirksam (Art. 1083, 1093 frz. C.c.). Die im Vergleich dazu unsichere und prozessual aufwändige Rechtslage in Deutschland ist unbefriedigend. Eine Tendenz geht dahin, die Bindungswirkung des § 2287 BGB wieder einzuschränken durch Rückkehr zur ausdrücklich vorgegebenen Beeinträchtigungs*absicht*.[409] Hinter dieser Kontroverse steht die Frage, ob die erbrechtliche Bindung – zumal wenn sie auf einem (unberatenen) gemeinschaftlichen Testament beruht – einer späteren Begünstigung eines neuen Ehegatten oder Lebensgefährten entgegenstehen soll. Diese bedeutsame und praktisch wichtige Frage sollte gesetzlich entschieden werden. Denkbar wäre eine Ergänzung von § 2287 Abs. 1 BGB dahingehend, dass es an der Beeinträchtigungsabsicht im Zweifel fehlt, wenn der Erblasser einen neuen Ehegatten oder eine ähnlich nahe stehende Person begünstigt. Dies entspricht der jüngeren Rechtsprechungstendenz,[410] würde Scheinargumentationen zu er-

---

406 BGHZ 82, 274 (276f.); *J. Mayer*, in: Reimann/Bengel/J. Mayer, § 2287 Rn. 15; *Kanzleiter* (Fn. 352), S. 157 (161ff.); weitergehend für analoge Anwendung auf beeinträchtigende Schenkungen zu Lebzeiten des Ehegatten MünchKommBGB/*Musielak*, § 2271 Rn. 45; jedenfalls für Zuwendungen aufgrund Vertrags zugunsten Dritter auf den Todesfall (§§ 331, 2301 BGB) *Speth*, NJW 1985, 463.

407 St. Rspr. seit BGHZ 59, 343 (350).

408 BGHZ 83, 44 (46); *Spellenberg*, NJW 1986, 2531 (2532).

409 *Staudinger/Kanzleiter*, § 2287 Rn. 13; *Erman/M. Schmidt*, § 2287 Rn. 4; *Teichmann*, JZ 1974, 32ff.; *Lemcke*, Ansprüche des Vertragserben wegen beeinträchtigender Schenkungen (1997), S. 110ff., 138ff.

410 BGH, NJW 1992, 2630 (2631); BGH, FamRZ 1986, 980; *Lange/Kuchinke*, § 25 V (S. 490); *Ritter*, Der Konflikt zwischen einer erbrechtlichen Bindung aus erster Ehe und einer Verfügung des überlebenden Ehegatten zugunsten eines neuen Lebenspartners (1999), S. 203ff.

warteten Betreuungs- und Pflegeleistungen[411] entbehrlich machen und wäre ein Beitrag zu größerer Rechtsklarheit und Rechtssicherheit. Eine ähnliche Zweifelsregel wäre zugunsten gemeinnütziger Organisationen denkbar.[412] Unabweisbare Schutzbedürfnisse des bindend Bedachten blieben durch § 2325 BGB gewahrt.

---

[411] Nachw. bei *J. Mayer*, in: Reimann/Bengel/J. Mayer, § 2287 Rn. 62.
[412] In diese Richtung *J. Mayer*, in: Reimann/Bengel/J. Mayer, § 2287 Rn. 67.

F. Testierfreiheit und Testiermacht

Die liberale Grundanlage des BGB hat dem Erblasser mit den Gestaltungsmöglichkeiten der Testierfreiheit zu weitreichenden Beherrschungs- und damit Machtbefugnissen verholfen. Umgekehrt wurde dem Erblasser zugetraut, Machteinwirkungen Dritter auf das Testieren außerhalb von Extremfällen (Geistesschwäche, arglistige Drohung) standzuhalten. Beide Entscheidungen präsentieren sich heute aus demographischen, verfassungsrechtlichen und ideellen Gründen in anderem Licht.

I. Schutz des testierenden Erblassers vor Macht

Die Alterung der Testatoren und die steigende Zahl von betreuten und dementen Erblassern[413] wecken Zweifel an der Zeitgemäßheit des Schutzkonzepts des BGB. Der demographische Wandel verlangt eine höhere Aufmerksamkeit für Gefährdungen der Testierfreiheit.

1. Befund

Mit dem BGB haben sich im deutschen Erbrecht vielfach diejenigen Regelungen durchgesetzt, die die geringsten Anforderungen an wirksames Testieren stellen. Dies lässt sich in der Tendenz bereits an der gegenüber der Geschäftsfähigkeit erweiterten Testierfähigkeit ablesen.[414] In unserem Zusammenhang interessiert vor allem die Liberalisierung der Testierformen. Der Funktionszusammenhang von öffentlicher Form und Schutz vor Beeinflussung und Beherrschung ist nur für den minderjährigen Testator erhalten geblieben (§§ 2229

[413] Siehe oben, B. I. 2. a.

[414] Nach französischem Vorbild wurde die Testierfähigkeit abweichend von der allgemeinen Geschäftsfähigkeit definiert (§ 2229 Abs. 2 BGB). Nicht aus dem französischen Recht übernommen wurde aber die inhaltliche Begrenzung auf die Hälfte des frei verfügbaren Vermögens (Art. 902, 904 C. c.). – Auch die Niederlande senkte das Testieralter von 18 auf 16 Jahre (Art. 4:55 B. W.); rechtsvergleichend *Sonnekus*, Freedom of Testation and the Ageing Testator, in: Reid/de Waal/R. Zimmermann (Fn. 72), S. 78 ff. De lege ferenda gerade umgekehrt für eine stärkere Abkoppelung der Testierfähigkeit von der Geschäftsfähigkeit *Grunsky*, Testierfähigkeit und Geschäftsfähigkeit (2009).

Abs. 2, 2233 BGB).[415] Ansonsten beschränkte sich der Gesetzgeber auf den Schutz vor „harter“ Beeinflussung durch widerrechtliche Drohung (§§ 2078 Abs. 2, 2339 Abs. 1 Nr. 3 BGB). Eine weitergehende richterliche Schutzgewähr findet derzeit nicht statt: Seit der Abschaffung des Unwirksamkeitsgrundes der „Ausnutzung der Todesnot“ (§ 48 Abs. 3 TestG)[416] begegnet die „bloße“ Beeinflussung des Erblassers, zumindest gemessen an der Praxis, keinen Bedenken.[417] Eine Trendwende in der Einschätzung von Schutzbedürfnissen unterhalb der Schwelle rechtswidriger Drohung zeichnet sich allerdings am Umgang mit § 14 HeimG[418] ab. Die Vorschrift untersagt Heimträgern, Heimleitern und anderen Beschäftigten, sich von den Heimbewohnern Vorteile gewähren zu lassen. Diese Regelung wird als Verbot (§ 134 BGB) entsprechender letztwilliger Verfügungen angesehen.[419] Ihr Zweck ist u.a. die Sicherung der Testierfreiheit der Heimbewohner. Die Vorschrift soll alte Menschen davor bewahren, so später das BVerfG, dass ihr Recht auf freie Verfügung von Todes wegen durch offenen oder versteckten Druck faktisch gefährdet wird.[420]

2. *Mögliche Reformen*

Fremdbestimmung und Beherrschung des Erblassers werden derzeit nur punktuell sanktioniert. Dies wird der verfassungsrechtlichen Bedeutung der Testierfreiheit[421] angesichts zunehmender Gefährdung alternder Erblasser (steigendes Demenzrisiko, Zunahme isolierter Lebensformen und Abhängigkeiten aufgrund Pflegebedürf-

---

[415] Näher *Kipp/Coing*, § 17 I 2a.

[416] Gesetz über die Errichtung von Testamenten und Erbverträgen (TestG) vom 31. 7. 1938 (RGBl. I 973), aufgehoben durch das Gesetz zur Wiederherstellung der Gesetzeseinheit auf dem Gebiete des Bürgerlichen Rechts vom 5. 3. 1953 (BGBl. I 33) mit Ausnahme von § 51. Der Rechtsgedanke der Vorschrift wurde nicht übernommen, weil darin eine „ungerechtfertigte Verdächtigung der Religionsdiener“ gesehen wurde; näher *Finke*, DNotZ 1953, 174 (181).

[417] Zu § 138 BGB siehe KG, NJW 2001, 903 (905); MünchKommBGB/*Leipold*, § 2078 Rn. 51; kritisch insbesondere *Staudinger/Otte*, § 2078 Rn. 26; für „zurückhaltende“ Anwendung von § 138 BGB *Thielmann* (Fn. 69), S. 319ff. Auch der Arglisteinwand ist bislang nicht praktisch geworden; Überblick und Kritik bei *Gimple*, § 242 BGB als Zuordnungsnorm im Erbrecht (2003), S. 133ff.

[418] Gesetz über Altenheime, Altenwohnheime und Pflegeheime für Volljährige (HeimG) i.d.F. der Bekanntmachung vom 23. 4. 1990 (BGBl. I 764); siehe inzwischen auch § 10 Wohn- und Teilhabegesetz (WTG), GVBl. NW 2008, 738; Art. 8 Pflege- und Wohnqualitätsgesetz (Pfle-WoqG), BayGVBl. 2008, 346 und § 14 LandesheimG GBl. BW 2008, 169.

[419] BGHZ 110, 235 (240); BayObLG, NJW 1998, 2369 (2370).

[420] BVerfG, NJW 1998, 2964 – § 14 HeimG.

[421] Siehe oben, B. II. 1. b bb.

tigkeit)[422] nicht gerecht. Ausländische Rechtsordnungen stehen vor ähnlichen Herausforderungen.[423]

a) Testierverbote

§ 14 HeimG ist in der Rechtsprechungspraxis großzügig ausgelegt worden.[424] Dies lässt auf entsprechende Schutzbedürfnisse und wohl auch Missstände schließen. Es liegt daher nahe, das Regelungskonzept des § 14 HeimG auf andere Personenkreise zu erweitern, die typischerweise ähnlich machtvolle Stellungen gegenüber dem Erblasser einnehmen. Dies wird mit Blick auf Betreuer vorgeschlagen.[425] In diese Richtung hat der französische Gesetzgeber entschieden.[426] Für den praktischen Regelfall der Betreuung – die Betreuung durch Familienangehörige[427] – würde ein generelles Verbot des Testierens zugunsten von Betreuern aber kontraproduktive Anreize setzen. Weitsichtige Erblasser müssten im Interesse der Vermögensnachfolge die Bestellung von Familienangehörigen als Betreuer vermeiden und durch Betreuungsverfügung die Betreuung durch Dritte anregen.[428]

---

[422] Siehe oben, B. I. 2. a. Nach Ermittlungen von *Menning*, Familiale Lebensformen und Wohnsituation älterer Menschen, GeroStat Report Altersdaten 02/2007, S. 14 ff. ist davon auszugehen, dass mehr als die Hälfte der 85-jährigen Frauen, die in Privathaushalten leben, in Einpersonenhaushalten lebt. 83% der Pflegebedürftigen sind 65 Jahre und älter, 35% sind 85 Jahre und älter (Statistisches Bundesamt [Hrsg.], Pflegestatistik 2007 vom 17. 12. 2008, S. 14).

[423] Siehe für die Schweiz BGE 132 III 305 ff.; im Übrigen *Sonnekus* (Fn. 414); *Scalise*, Undue Influence and the Law of Wills: a Comparative Analysis, 19 Duke J. Comp. & Int'l L. 41 (2008–2009), 41 ff.; *Kerridge*, Wills made in suspicious circumstances: the problem of the vulnerable testator, Cambridge Law Journal 59 (2000), 310 ff.

[424] OLG Düsseldorf, ZEV 1997, 459: Anwendbarkeit auf die Einsetzung der Kinder des Heimleiters als Nacherben; OLG Frankfurt a. M., NJW 2001, 1504: Anwendbarkeit auf eine Zuwendung an den Pförtner eines Altenheims und seine Frau; BayObLG, NJW 2000, 1875: Anwendbarkeit auf eine Zuwendung an den Gesellschafter-Geschäftsführer der das Heim betreibenden GmbH; BayObLG, NJW-RR 2004, 1591: Anwendbarkeit auf eine Zuwendung an eine Heimmitarbeiterin, nachdem sie in eine andere Pflegestation versetzt worden ist; OLG München, NJW 2006, 2642: Anwendbarkeit auf ein Vermächtnis eines Angehörigen des Heimbewohners; VG Würzburg, ZEV 2008, 601: Anwendbarkeit auf eine Zuwendung des Erblassers an eine dem Heim durch den Stiftungszweck verbundene Förderstiftung.

[425] *Lange/Kuchinke*, § 35 II 3 d (S. 824).

[426] Art. 909 Al. 2 C. c. erstreckt das Schenkungs- und Testierverbot auf „mandataires judiciaires à la protection des majeurs et les personnes morales au nom desquelles ils exercent leurs fonctions". Damit sind insbesondere die gerichtlich beauftragten Schutzbetreuer im Rahmen einer sauvegarde de justice gemeint.

[427] Der Anteil der Betreuungen durch Familienangehörige schwankt seit dem Jahr 1999 zwischen 60 und 63% (Verfahren nach dem Betreuungsgesetz, Bundesergebnisse für die Jahre 1992 bis 2008, Quelle: Bundesamt für Justiz).

[428] Andererseits erschiene es auch nicht richtig, Familienangehörige prinzipiell von dem Testierverbot auszunehmen, weil hier durchaus machtvolle Beeinflussungen denkbar sind.

Auch in Bezug auf verwandte Berufsgruppen – Ärzte, Mitarbeiter von Pflegediensten, Seelsorger, Psychotherapeuten – erscheint ein Testierverbot mit seinem Generalverdacht eine übermäßige Einschränkung der Testierfreiheit. Überdies bliebe bei dieser berufsgruppenbezogenen Betrachtung unberücksichtigt, dass gerade die Familie, zumal unter den Anforderungen und Überforderungen dauernder Pflege am Lebensende, zu einem Ort machtvoller Beherrschung mutieren *kann*. Auch zu Angehörigen der rechts- und vermögensberatenden Berufe (Steuerberater, Bank- und Versicherungsmitarbeiter) können über die Jahre Vertrauensverhältnisse mit Beherrschungsrisiken entstehen. Hier liefert die US-amerikanische Rechtsprechung zu *undue influence* reichhaltiges Anschauungsmaterial.[429] Angesichts der Vielgestaltigkeit der denkbaren Szenarien empfehlen sich enumerative Testierverbote derzeit nicht.

b) Altersgrenzen

Konstitutives Element der Testierfähigkeit ist die Fähigkeit des Erblassers, sich ein Urteil frei von den Einflüssen etwaiger interessierter Dritter zu bilden.[430] Der materiell-rechtliche Schutz des beherrschungsaffinen Erblassers läuft allerdings durch die Verteilung der Beweislast weitgehend leer. Denn die Testierunfähigkeit muss zur vollen Überzeugung des Gerichts feststehen, andernfalls ist von Testierfähigkeit auszugehen.[431] Denkbar wäre, die Vermutung der Testierfähigkeit für einzelne Personengruppen aufzugeben. Dies mag in erster Linie für betreute Erblasser nahe liegen. Die Verknüpfung von Betreuung und vermuteter Testierunfähigkeit würde allerdings einen bedenklichen Paradigmenwechsel in der Konzeption des Erwachsenenschutzes darstellen. Damit würde die für die ausländische Rechtsentwicklung wegweisende Entscheidung des deutschen Gesetzgebers, rechtliche Fürsorge ohne Eingriffe in die Handlungsfähigkeit zu gestalten,[432] konterkariert: Es wäre eine partielle Rückkehr zum Konzept der Entmündigung.

Ähnlichen Bedenken begegnet der Vorschlag, die Testierfähigkeit nach oben durch eine Altersgrenze zu kappen und jenseits der Altersgrenze nicht mehr von Testierfähigkeit, sondern von Testier*un*fähigkeit auszugehen.[433] Auch wenn mit zunehmendem Alter die

[429] Näher *Scalise*, Undue Influence and the Law of Wills: a Comparative Analysis, 19 Duke J. Comp. & Int'l L. 41 (2008–2009), 41 ff., insbesondere 52 ff.

[430] BGH, FamRZ 1958, 127 (128); BGH, FamRZ 1984, 1003; OLG Celle, FamRZ 2007, 417 (418).

[431] BayObLG, NJW 2000, 1959 (1961) sowie NJW-RR 2003, 297 (299).

[432] Vgl. *Röthel*, FamRZ 2004, 999 ff.

[433] So *Sonnekus* (Fn. 414), S. 78 (90 f.), der eine Altersgrenze bei 70 Jahren erwägt.

Fähigkeit zu autonomen Entscheidungen tendenziell abnimmt, bestehen derzeit keine allgemeingültigen Erfahrungsregeln, die eine bestimmte Altersgrenze als sachrichtig erscheinen lassen.[434] Selbst für die Altersgruppe der über 90-Jährigen wird der Anteil der Demenzkranken auf „nur" 35% geschätzt.[435]

c) Gesteigerte Förmlichkeit

Eine weichere, aber gleichwohl vielversprechende Schutzgewähr in typischen Gefährdungslagen könnte über eine Ausdifferenzierung der Testierformen erreicht werden. In diese Richtung ging das österreichische Recht mit der Entscheidung, dass der unter Sachwalterschaft stehende Erblasser nur mündlich vor Gericht oder mündlich notariell testieren kann.[436] Ähnlich wird für das deutsche Recht vorgeschlagen, dem betreuten Erblasser nur das öffentliche Testament zu eröffnen.[437] Abgesehen von den generellen Vorzügen öffentlichen Testierens[438] dürften die notariellen Amtspflichten (§§ 11, 17 Abs. 2, 28 BeurkG) zu einer leichteren Klärung der Testierfähigkeit betreuter Erblasser beitragen. Auch wenn man vom Notar keine fachmedizinische Begutachtung verlangt,[439] könnten die Wahrnehmungen des Notars wertvolle Hinweise auf eventuelle pathologische Beherrschungsaffinität des Erblassers enthalten. Allerdings sollte die Leistungsfähigkeit der Beurkundung auch nicht überschätzt werden.[440] Notarielle Beurkundung allein wird machtvolle Beherrschungen des Erblassers weder vollständig identifizieren noch verhindern können.

---

[434] Kritisch auch *G. Müller*, DNotZ 2006, 325 (327f.); *Cording*, Die Begutachtung der Testier(un-)fähigkeit, Fortschritte der Neurologie, Psychiatrie 72 (2004), 147 (153).

[435] Mittelwert nach *Bickel*, Demenzsyndrom und Alzheimer Krankheit, Das Gesundheitswesen 62 (2000), 211 (213ff.).

[436] § 568 ABGB a. F. Seit dem FamErbRÄG 2004, in Kraft getreten am 1. 1. 2005, ist die Beschränkung der Testierformen allerdings an eine Anordnung im Sachwalterbestellungsbeschluss geknüpft. – Ähnlich die Erwägung von *Kerridge* (Fn. 423) für das englische Recht, (nur) bei notarieller Beurkundung Testierfähigkeit und Abwesenheit von undue influence zu vermuten (Rn. 5–38 Fn. 151).

[437] *Lange/Kuchinke*, § 18 II 3 (S. 347f.); *Hahn*, FamRZ 1991, 27 (28); *G. Müller*, Betreuung und Geschäftsfähigkeit (1998), S. 101ff.; *Spickhoff*, AcP 208 (2008), 345 (376); genauso für Heimbewohner *Ostlinning*, Das Testament des Heimbewohners (1995), S. 100ff.

[438] Siehe oben, E. I.

[439] Nachdrücklich *G. Müller*, DNotZ 2006, 325ff. gegen die von *Stoppe/Lichtenwimmer*, DNotZ 2005, 806ff. für den Notar vorgeschlagenen Screeningverfahren.

[440] Dass notarielle Beurkundung allein nicht genügt zum Schutz vor faktischen Freiheitsverlusten beweist der Fall BayObLG, NJW 1998, 2369.

d) Erweiterte Anfechtungsbefugnis

Da sich das Unbehagen gegenüber beherrschungsaffinem Testieren im Wesentlichen aus der Zurückdrängung der gesetzlichen Erben erklärt, könnte es sich empfehlen, die Anfechtungsbefugnis (§ 2078 BGB) entsprechend zu erweitern. Die mangelnde Selbstbestimmtheit einer Verfügung könnte als „ähnliche Form der Beherrschung oder Beeinflussung" der rechtswidrigen Drohung (§ 2078 Abs. 2 BGB) gleichgestellt werden. Ein echter Gewinn wäre damit aber nur verbunden, wenn die Schwelle der Anfechtbarkeit dadurch unter die jetzige Schwelle der Testierunfähigkeit (oben a) gesenkt würde. Der hierzu nötige Erfahrungsschatz über faktische Beeinträchtigungen der Testierfreiheit wäre freilich erst noch zu entwickeln.

e) Richterliche Missbrauchskontrolle

Dies mag dafür sprechen, den Schutz der Testierfreiheit vor faktischen Beeinträchtigungen unterhalb der Schwelle der rechtswidrigen Drohung zunächst der Rechtsprechung im Rahmen einer auf § 138 BGB gestützten Kontrolle der Verfügungsfreiheit zu überlassen.[441] Die verfassungsrechtliche Einsicht, dass bei der Wahrnehmung der Testierfreiheit Autonomiedefizite zugleich Legitimationsdefizite bedeuten,[442] verlangt allerdings eine Neuausrichtung. Die derzeitige Zurückhaltung sollte aufgegeben und § 138 BGB zu einem wirksameren Instrument richterlicher Abschlusskontrolle entfaltet werden.

II. Schranken der Testiermacht

1. Befund

Das BGB ermöglicht dem Erblasser nicht nur die Bestimmung von Erben und Vermächtnisnehmern, sondern auch weitere Einwirkungen auf die Begünstigten durch Bedingungen (§§ 2074f. BGB) sowie die Anordnung von Nacherbschaft (§§ 2100ff. BGB) und Testamentsvollstreckung (§§ 2197ff. BGB). Damit rezipierte das BGB wesentliche und charakteristische Institutionen des gemeinen

[441] Näher *Röthel*, Testierfreiheit und Testiermacht, AcP 210 (2010), 32 (47ff.).
[442] Siehe oben, B. II. 1. b bb.

Rechts.[443] Der liberale Prinzipienkonflikt zwischen Erblasserwille und Erbenfreiheit wurde in der Tendenz zugunsten des Erblassers entschieden. Der Willensherrschaft des Erblassers wurden mit dem BGB keine inhaltlichen, sondern großzügige zeitliche Grenzen gezogen (§§ 2044 Abs. 2, 2109, 2162f., 2210 BGB).[444] Selbst diese erschienen nur deshalb hinnehmbar, weil dem Erblasser mit dem Familienfideikommiss „andere erbrechtlich zulässige Wege“ blieben.[445] Im Zuge der Beratungen wurde die Stellung des Testamentsvollstreckers – angeregt durch den 21. Juristentag 1890[446] – sogar noch verstärkt[447] und die Beschränkung auf eine Nacherbfolge aufgegeben.[448]

Ausländische Rechtsordnungen haben zurückhaltender entschieden. In vielen vom Code civil beeinflussten Rechtsordnungen ist die fiduziarische Substitution bis heute nur zugunsten von Kindern und Geschwistern zugelassen.[449] Im Jahr 2007 hat Frankreich diese persönlichen Grenzen allerdings aufgegeben.[450] Auch kennen die meisten europäischen Rechtsordnungen engere zeitliche Grenzen, entweder durch striktere Höchstfristen[451] oder durch Beschränkung der

---

443 Zur Nacherbschaft Mot. V, 79, 81; Prot. V, 77f.; *Coing*, Europäisches Privatrecht, Bd. I (1985), § 123; Bd. II (1989), § 129; zur Testamentsvollstreckung Mot. V, 236; *Kipp/Coing*, § 66 I; *Lange/Kuchinke*, § 31 I (S. 664); *Muscheler*, Die Haftungsordnung der Testamentsvollstreckung (1994), S. 28ff.

444 Für die Auflage (§ 2192 BGB) erschienen besondere zeitliche Grenzen verzichtbar, um die Verfolgung stiftungsähnlicher Ziele zu ermöglichen, Prot. V, 243f., 308. Eine Grenze zog aber § 197 Abs. 1 Nr. 2 BGB a.F., jetzt § 199 Abs. 3a BGB. Gegen eine Analogie zu §§ 2162f. BGB etwa *Staudinger/Otte*, § 2192 Rn. 20 m.w.N.

445 *v. Schmitt*, Erbrecht, Teil 1 (Begründung des Entwurfs), 1876 [hrsg. von Schubert, 1984], S. 194f.

446 Insbesondere *Gierke*, Verhandlungen zum 21. DJT 1890, Bd. III, S. 224ff.

447 Prot. V, 270, 275, 283; dazu *Offergeld*, Die Rechtsstellung des Testamentsvollstreckers (1995), S. 43ff.; *Muscheler* (Fn. 443), S. 45ff.

448 Anders noch § 1812 E 1.

449 Art. 896f., 1048ff. belg. und luxem. C.c.; Art. 692 ital. C.c., Art. 2286, 2288 portug. C.c.; ähnlich die Regelungen in Polen, Rumänien, Bulgarien, Slowenien und Ungarn; siehe *Dutta*, Artikel Vor- und Nacherbschaft, in: Basedow/Hopt/R. Zimmermann (Fn. 72), S. 1735ff.

450 Art. 1048ff. C.c. (libéralités graduelles et résiduelles) n.F. seit 1. 1. 2007.

451 Etwa in den Niederlanden (Art. 4:140 Abs. 1 B.W.): 30 Jahre; ähnlich die herkömmliche rule against perpetuities des anglo-amerikanischen Rechts (within a life in being and 21 years thereafter), dazu *Kötz*, Trust und Treuhand (1963), S. 50ff. Die jüngere Tendenz geht allerdings dahin, die rule against perpetuities weiter zu fassen oder ganz aufzugeben, wie beispielsweise jüngst in Irland (The Land and Conveyancing Law Reform Act 2009, in Kraft getreten am 1. 12. 2009). Zahlreiche US-amerikanische Bundesstaaten haben die Geltungsdauer verlängert (Washington: 150 Jahre, Florida: 360 Jahre, Nevada: 365 Jahre, Utah und Wyoming: 1000 Jahre) oder verzichten ganz auf eine Beschränkung; näher *F. Schneider*, A Rule against Perpetuities for the Twenty-First Century (2006).

Anzahl von Nacherbfolgen.[452] Schließlich besteht eine Tendenz zur Zulassung weitgehender Befreiungen des Vorerben.[453] Ein ähnliches Gefälle besteht bei der Testamentsvollstreckung, und zwar vor allem mit Blick auf die Verwaltungsvollstreckung.[454] Soweit sie überhaupt zugelassen wurde,[455] ist sie regelmäßig auf einen erheblich kürzeren Zeitraum begrenzt, etwa in Belgien, Luxemburg und Italien[456] auf grundsätzlich ein Jahr, in Frankreich seit dem 1. 1. 2007 auf zwei Jahre. [457] Eine Verwaltungsvollstreckung ähnlich dem deutschen Recht kennen aber die Schweiz,[458] Griechenland[459] und inzwischen auch die Niederlande.[460]

2. Reformanliegen

In der Praxis spielen Potestativbedingungen, Nacherbschaft und Testamentsvollstreckung eine herausragende Rolle. Die gewandelten demographischen und sozialen Lebensbedingungen[461] haben die Gestaltungsziele vielleicht verändert, aber nicht das Gestaltungsbedürfnis vermindert. Aktuelle Beispiele sind das Unternehmer-, Geschiedenen- und Behindertentestament sowie das Testament der

---

[452] §§ 611, 612 ABGB; Art. 781, 785 span. C.c.; Art. 488 Abs. 2 schw. ZGB; Art. 1923 Abs. 2 griech. ZGB, Art. 2288 port. C. c.

[453] Etwa in der Schweiz (Nacherbeneinsetzung auf den Überrest, zu den Grenzen BGE 100 II 92), in Frankreich (liberalité résiduelle, Art. 1057 ff. C. c.) und in Spanien (Art. 783 Abs. 2 span. C. c.).

[454] Rechtsvergleichender Überblick bei *Muscheler* (Fn. 443), S. 60 ff.; *R. Zimmermann*, Heres fiduciarius?, in: R. Zimmermann/Helmholtz (Hrsg.), Itinera Fiduciae (1998), S. 267 ff.

[455] Anders etwa in Österreich (§ 816 ABGB): Für die Erben bindend ist nur die Abwicklungsvollstreckung, während sog. Verwaltungsanordnungen von den Erben widerrufen werden können; de lege ferenda für die Zulassung bindender Verwaltungsanordnungen *Welser*, Verh. des 17. ÖJT, Bd. II/1 (2009), S. 51.

[456] Art. 1026 f. belg. und luxem. C. c. nach dem Vorbild von Art. 1026 f. frz. C. c. a. F.; Art. 703 Abs. 3 ital. C. c. – In den Niederlanden ist die frühere Jahresfrist (Art. 1054 Abs. 2 B. W. i. d. F. bis zum 31. 12. 2002) allerdings aufgegeben worden (Art. 4:149 B. W.).

[457] Art. 1032, 812 Abs. 1 S. 1 C. c. n. F. (administration de la succession par un mandataire).

[458] Art. 517 f. ZGB, zeitlich begrenzt auf die Lebensdauer der unmittelbaren Erben (analog Art. 488 Abs. 2, 531 ZGB).

[459] Art. 2017 ff. gr. ZGB.

[460] Art. 4:153 ff. B. W. (testamentair bewind). Eine allgemeine zeitliche Höchstgrenze ist darin nicht vorgesehen, sondern Kündungs- und Aufhebungsrechte mit Ablauf von fünf (Art. 178 Abs. 2 B. W.) bzw. dreißig Jahren (Art. 178 Abs. 1 S. 2 sowie Art. 179 Abs. 2 B. W.).

[461] Siehe oben, B. I. 1. (Fn. 16).

Patchworkfamilie.[462] Selbst steuerliche Nachteile haben sich nicht auf die Beliebtheit der Vor- und Nacherbfolge ausgewirkt.[463]

Allerdings sind auch die Gefahren sowohl unbedachter als auch „überbedachter" Willensherrschaft deutlicher.[464] Nach wie vor werden ordnungspolitische Vorbehalte gegen lange Nachlassbindungen geltend gemacht.[465] Hinzu kommt eine gestiegene Sensibilität für Schutzbedürfnisse des Erben vor „Entrechtung" und „Entmündigung" durch den Erblasser.[466] Dies deckt sich im Ansatz mit den verfassungsrechtlichen Einsichten zu den immanenten Grenzen, die der Testierfreiheit mit Blick auf die Erbenfreiheit gezogen sind.[467]

3. Mögliche Reformen

a) Gesetzliche Motivkontrolle

Das BGB hat die Zulässigkeit von Bedingungen und Beschränkungen des Erben nicht an inhaltliche Voraussetzungen geknüpft. Auch ein „berechtigtes Interesse" an der Beschränkung des Erben wurde nicht gesetzlich typisiert. Es kommt weder auf die Motive des Erblassers (Fürsorge oder Herrschsucht) noch auf Gründe in der Person des Erben (Alter, Geschäftserfahrenheit) oder in der Art des Nachlasses (Hof, Unternehmen) an.[468] Diese Entscheidung ist nach wie vor zeitgemäß. Jede gesetzliche Typisierung würde auf zweifelhafte Moralisierungen hinauslaufen und die Entwicklungsoffenheit dieser Rechtsinstitute für die Nachlassgestaltung gefährden.[469]

---

[462] Überblick bei *Kössinger*, in: Nieder/Kössinger/Kössinger, Handbuch der Testamentsgestaltung, 3. Aufl. (2008), §§ 21, 22.

[463] Siehe § 6 Abs. 2 S. 1, Abs. 3 ErbStG: Besteht der Nacherbfall im Tod des Vorerben, liegen zwei selbständige, steuerpflichtige Erbfälle vor.

[464] Siehe nur *Langenfeld*, JuS 1998, 521 (523): Vor- und Nacherbfolge für den juristischen Laien „nicht handhabbar"; ähnlich *J. Mayer*, ZEV 2000, 1 ff.

[465] Siehe oben, B. III. 1.

[466] Etwa *Lange/Kuchinke*, § 31 V 2 (S. 684); *Lange*, JuS 1970, 101; *Muscheler* (Fn. 443), S. 3; *Windel*, S. 247.

[467] Siehe oben, B. II. 1. b bb.

[468] Der Erbrechtsausschuss der Akademie für Deutsches Recht plädierte dafür, das Gesetz solle dem Erblasser „anraten", die Verwaltungsvollstreckung nur aus „besonderen Gründen" zuzulassen; näher *Lange*, 4. Denkschrift des Erbrechtsausschusses der Akademie für Deutsches Recht (1940), S. 317 ff.

[469] Zwecke und Anwendungsbereiche der Verwaltungsvollstreckung etwa bei *Bengel*, in: Bengel/Reimann (Hrsg.), Hdb. der Testamentsvollstreckung, 4. Aufl. (2010), Kap. 1 Rn. 145 ff.; *Muscheler* (Fn. 443), S. 80 ff.; *Staudinger/Reimann*, § 2209 Rn. 5 ff.; Zwecke und Anwendungsbereiche der Nacherbschaft etwa bei *J. Mayer*, ZEV 2000, 1 (2).

Schutz vor übermäßiger Beherrschung kann in extremen Einzelfällen die richterliche Missbrauchskontrolle (§ 138 BGB) leisten. Die für letztwillige Potestativbedingungen entwickelten Grundsätze[470] bilden auch insoweit die maßgeblichen Anhaltspunkte ab. Beschränkt man die Aufgabe der Sittenwidrigkeitskontrolle in Anlehnung an die Einsichten zur Vertragsfreiheit auf den Schutz des Selbstbestimmungsrechts des Erben in strukturellen Ungleichgewichtslagen, dürften sich allerdings – im Einklang mit der bisherigen Rechtsprechungserfahrung[471] – nur selten Angriffspunkte ergeben.

b) Schutz vor unbedachten Beschränkungen

Mit der Zulassung von Beschränkungen wird die Testierfreiheit des Erblassers zulasten der Erbenfreiheit ausgestaltet. Die Testierfreiheit bestimmt und begrenzt das Erwerbsrecht des Erben. Die damit verbundenen Nachteile haben die Erben hinzunehmen. Sie finden ihre Legitimation im Gestaltungswillen des Erblassers.[472] Diese Legitimation wird allerdings zweifelhaft, wenn sich die Beschränkungen des Erben nicht sicher auf einen entsprechenden Willen des Erblassers zurückführen lassen. Die Autonomie des Erben und die Achtung der personalen und ideellen Erbbedeutungen[473] sprechen dafür, den Erben stärker vor unbedachten Beschränkungen zu schützen. Ein zentrales Regelungsanliegen sollte sein, die Intentionalität von Erbenbeschränkungen zu gewährleisten.

In der unberatenen Testierpraxis bestehen nach wie vor erhebliche Unsicherheiten über die Bedeutung von Vor- und Nacherbschaft und über die Stellung eines Testamentsvollstreckers. Es mag der Rechtsprechung gelingen, auch bei Fehlbenennungen, unklaren und widersprüchlichen Anordnungen zu plausiblen Auslegungsergebnissen zu gelangen.[474] Angesichts der weitreichenden Folgen für den

---

[470] Vgl. BVerfG, NJW 2004, 2008 ff. – Hohenzollern; näher *Röthel*, AcP 210 (2010), 32 (42 ff.).

[471] Aus der spärlichen Rechtsprechung siehe nur BGHZ 111, 36 ff. – sog. Behindertentestament nicht sittenwidrig; OLG Düsseldorf, NJW 1988, 2615 (2617) – Testamentsvollstreckung für die Dauer einer Sektenmitgliedschaft nicht sittenwidrig; OLG Zweibrücken, RPfleger 1982, 106 – Testamentsvollstreckung auf Lebenszeit des Erben nicht sittenwidrig; BayObLG, FamRZ 2001, 1326 (1327) – Betreten des Anwesens als Nacherbfall nicht sittenwidrig; bejaht aber von OLG München JFG 14, 428 – Anordnung von Verwaltungsvollstreckung und Verpflichtung des Erben, dem Testamentsvollstrecker unwiderrufliche Generalvollmacht und Prokura zu erteilen.

[472] Vgl. BVerfG (Kammer) 1 BvR 909/08 vom 25. 3. 2009 Rn. 16 ff.

[473] Dazu oben, B. III. 2.

[474] Zweifelhaft aber RG, SeuffA 80 Nr. 14 – Vorerbschaft auch bei Zuwendung der Erbschaft „zur freien Verfügung" möglich; BayObLGZ 16 A 128 – Umdeutung einer „Pflegschaft" in Testamentsvollstreckung; BayObLGZ 17 A 27 – Nacherbschaft liege

(Vor-)Erben und auch zur Vermeidung solcher Auslegungsstreitigkeiten empfiehlt es sich aber, die Anforderungen an die Intentionalität der Beschränkungen zu erhöhen.

aa) Vor-/Nacherbschaft

Denkbar wäre, die Anordnung von Bedingungen und Beschränkungen und insbesondere der Vor-/Nacherbschaft der öffentlichen oder jedenfalls dem beratenen Testieren vorzubehalten. Darin läge allerdings ein grundlegender Bruch mit dem jetzigen Konzept der universellen Testierformen. Vielmehr würde das eigenhändige Testament – entgegen dem internationalen Trend – zu einer Art Kodizill.[475] Weniger einschneidend wäre das Erfordernis *ausdrücklicher* Anordnung. So hat das spanische Recht für die Nacherbschaft *(sustitución fideicomisaria)* entschieden.[476]

Darüber hinaus sollten die gesetzlichen Zweifelsregeln überprüft werden. Dem gut beratenen Erblasser ist es ohnehin möglich, die individuelle Zielsetzung der Nachlassgestaltung feinsinnig in sorgfältig austarierte Konstruktionen mit abgestuften Bindungen und Befugnissen des Erstbegünstigten zu überführen. Die Kautelarpraxis hat längst Gestaltungen ersonnen, um die Grenzen von § 2136 BGB zu überwinden.[477] Problematisch ist abermals die unberatene und vielfach mit Blick auf den Erstbegünstigten „unbedarfte" Anordnung von Nacherbschaft. Ein Rechtsinstitut, das erst mit kautelarjuristischer Kunst zur eigentlich gewollten und sinnvollen Gestaltung wird, sollte keinen institutionellen Vorrang vor „weicheren" Gestaltungen genießen. Mit den §§ 2102 Abs. 2, 2269 BGB kennt das BGB bereits punktuelle Zweifelsregeln zugunsten unbeschränkter Erbeinsetzung.[478] Die dahinter stehende Wertung, Nacherbenbindungen

---

in der Bestimmung, der Erbe solle den Nachlass, soweit er den Pflichtteil übersteige, einem anderen herausgeben; BayObLGZ 30 A 99, 102 – handschriftlicher Brief mit dem „Auftrag" an den Empfänger, sich des Nachlasses „anzunehmen" als Anordnung von Testamentsvollstreckung; BayObLGZ 1982, 59, 66 – Erteilung einer Vollmacht als Einsetzung eines Testamentsvollstreckers; BGH, NJW 1983, 2247 – Einsetzung eines Testamentsvollstreckers neben einem Alleinerben als Verwaltungsvollstreckung; sehr weitgehend auch BayObLG, FamRZ 1992, 1354, 1355 – „Mein Bruder übernimmt die Verteilung aller Ding".

475 Zum Fortbestand des eigenhändigen Testaments bereits oben, E. I.

476 Art. 783 Abs. 1 C. c.

477 Näher *J. Mayer*, ZEV 2000, 1ff.; *G. Müller*, ZEV 1996, 179ff.; *Hölscher*, ZEV 2009, 213ff.; *Wingerter*, Die Erweiterung der Befugnisse des befreiten Vorerben (2000); *Nolting*, Die Befreiung des Vorerben über die Grenzen des § 2136 BGB hinaus (2003).

478 In die entgegen gesetzte Richtung weist allerdings § 2103 BGB (im Zweifel Nacherbschaft). Auch besteht keine Zweifelsregel zugunsten eines Vorausvermächtnisses (vgl. aber § 2110 Abs. 2 BGB).

nicht zu begünstigen und nur bei hinreichend deutlichem und bedachtem Erblasserwillen anzunehmen,[479] sollte verallgemeinert werden. So hat etwa der österreichische Gesetzgeber entschieden.[480] Zugleich sollte die Auslegungsregel des § 2137 BGB zum gesetzlichen Regelungsmodell erhoben werden: Vorbehaltlich abweichender Bestimmung durch den Erblasser ist von befreiter Vorerbschaft (§ 2136 BGB) auszugehen.[481]

bb) Testamentsvollstreckung

Ähnliches empfiehlt sich für die Testamentsvollstreckung. Zwar mag sich die gegenläufige Zweifelsregel in § 2208 BGB aus Gründen des Verkehrsschutzes rechtfertigen.[482] Die regelmäßig stärker belastende Verwaltungsvollstreckung (§ 2209 BGB) sollte aber einer zweifelsfrei gewollten, ausdrücklichen Anordnung des Erblassers vorbehalten sein.[483] Die Erfahrungen der Beratungs-, Testier- und Kautelarpraxis weisen hier auf erhebliche Fehlvorstellungen hin. In der laienhaften Vorstellung wird der Verwaltungsvollstrecker nicht selten mit einem sachkundigen Berater verwechselt.[484] Manche Rechts- und Vermögensberater legen die Einsetzung eines Vollstreckers aus eigenem Interesse nahe. Bei vielen Erblassern ist so die Vorstellung entstanden, ein Dauervollstrecker sei unerlässlich, weil sich jemand um den Nachlass „kümmern" müsse und dass zu einem „guten" Testament auch die Einsetzung eines Vollstreckers gehöre. Diese praktischen Erfahrungen sprechen dafür, die Einsetzung eines Verwaltungsvollstreckers an höhere Voraussetzungen zu knüpfen, um das Risiko „unbewusster" oder auf Fehlvorstellungen beruhender Einsetzungen zu vermindern.

Zugleich sollte der Grundsatz der Eigenanordnung gestärkt werden. Die mit § 2198 BGB ermöglichte Entpersonalisierung der Tes-

---

479 *Staudinger/Avenarius*, vor §§ 2100ff. Rn. 10 sowie § 2100 Rn. 10.

480 § 614 ABGB: „Ist eine Substitution zweifelhaft ausgedrückt, so ist sie auf eine solche Art auszulegen, wodurch die Freyheit des Erben, über das Eigenthum zu verfügen, am mindesten eingeschränkt wird."

481 Darüber hinaus wird vorgeschlagen, eine Befreiung auch vom Verbot unentgeltlicher Verfügungen zuzulassen; etwa *Kanzleiter*, in: FS für Schippel (1996), S. 287 (300). In diesem Sinne hat jüngst der französische Gesetzgeber entschieden (Art. 1057 C.c.). – Da wirtschaftlich vergleichbare Ergebnisse bereits nach geltendem Recht möglich sind, wäre dies jedenfalls dann entbehrlich, wenn die Nacherbschaft der beratenen, öffentlichen Testierung vorbehalten würde.

482 Kritisch aber *Lange*, JuS 1970, 101 (102).

483 Ähnlich MünchKommBGB/*W. Zimmermann*, § 2209 Rn. 7; *Lange*, JuS 1970, 101 (102); für stillschweigende Anordnung aber etwa *Soergel/Damrau*, § 2209 Rn. 3. – Für eine Zweifelsregel zugunsten der Abwicklungsvollstreckung bereits *Gierke*, 21. DJT 1880, Bd. III, S. 225. Regelungsvorbild könnte Art. 2020 gr. ZGB sein.

484 *Lange*, JuS 1970, 101 (105).

tamentsvollstreckung durch Drittbestimmung sollte zumindest für die Verwaltungsvollstreckung stärker eingeschränkt oder ganz ausgeschlossen werden.[485] Bei der Verwaltungsvollstreckung wurzelt die Beherrschung des Erben ganz wesentlich in der Person des Vollstreckers. An die Person des Vollstreckers knüpfen sich gesteigerte Erwartungen an eine intentionale Entscheidung des Erblassers, mit der er die Verantwortung für die damit verbundene Überwachung des Erben übernimmt.[486] Im Interesse der heute auch aus verfassungsrechtlichen Gründen aufmerksamer wahrgenommenen Erbenfreiheit[487] sollten die vom historischen Gesetzgeber angeführten Praktikabilitätsargumente[488] zurückstehen. Vor diesem Hintergrund sollte auch die Beibehaltung der Verwaltungsvollstreckung durch juristische Personen überprüft werden.

c) Zeitliche Grenzen

Ein weiterer Zweifelspunkt betrifft die mögliche Dauer der Beschränkungen. Das BGB ermöglicht mit § 2109 Abs. 1 S. 2 BGB und § 2210 S. 2 BGB eine Erstreckung von Nacherbschaft und Verwaltungsvollstreckung weit über die 30-Jahres-Frist von §§ 2109 Abs. 1 S. 1, 2210 S. 1 BGB hinaus. Mit steigender Lebenserwartung[489] lassen sich so Sondervermögen generieren, die auch mehr als 100 Jahre Bestand haben.[490] Diese Entscheidungen werden heute zunehmend kritisch gesehen. Bedenken richten sich insbesondere gegen die mögliche Dauer der Verwaltungsvollstreckung.[491] Die Praxis zeigt allerdings, dass für dieses Gestaltungsziel nach wie vor Bedarf besteht, und auch in der Rechtsprechung zeichnet sich eher eine Tendenz ab, die zeitlichen Grenzen ausdehnend zu interpretieren.[492]

---

[485] Etwa nach dem Beispiel der Schweiz (BGE 91 II 177). Darin würde zugleich eine zeitliche Begrenzung der Dauervollstreckung liegen; dazu noch unten, F. II. 3. c.

[486] Siehe oben, B. III. 2. a.

[487] Dazu bereits oben, B. II. 1. b bb.

[488] Prot. V, 249.

[489] Siehe oben, B. I. 2. a.

[490] Siehe etwa die Beispiele bei *Lange/Kuchinke*, § 28 I 3c. (S. 573 f.); *Edenfeld*, DNotZ 2003, 4 (10 ff.).

[491] *Lange*, JuS 1970, 101 (102); *Muscheler* (Fn. 443), S. 3; MünchKommBGB/*W. Zimmermann*, § 2210 Rn. 1; für Streichung von § 2210 S. 2 BGB *Sasse*, Grenzen der Vermögensperpetuierung bei Verfügungen durch den Erblasser (1997), S. 90 ff.; *Offergeld* (Fn. 447), S. 229; noch enger *Windel*, S. 58 Fn. 49: Befristung auf fünf Jahre sachrichtig. – Zu § 2109 Abs. 1 S. 2 BGB kritisch *Schlüter*, in: FG Zivilrechtslehrer 1934/1935 (1999), S. 575 f.: übermäßige Bindung.

[492] BGHZ 174, 346 – Erlöschen der Dauertestamentsvollstreckung erst mit dem Tod des letzten, innerhalb von 30 Jahren nach dem Erbfall ernannten Testamentsvollstreckers; enger die Vorinstanz LG Berlin, ZEV 2006, 506 – Ausschließlichkeit der in § 2210 S. 2 BGB genannten „Ereignisse". – Das BVerfG hat die gegen das Urteil des

Die zeitliche Begrenzung von Testamentsvollstreckung und Nacherbschaft beruht auf den auch aus ausländischen Diskursen bekannten ordnungspolitischen Erwägungen: Es sollten überlange, fideikommissähnliche Bindungen verhindert werden.[493] Im Einzelnen stand hinter der 30-Jahres-Grenze des § 2109 Abs. 1 S. 1 BGB die Vorstellung, dass sich die meisten Nacherbschaften in diesem Zeitraum ohnehin erledigten.[494] Die Erweiterungen wurden damit begründet, dass der Gestaltungswille des Erblassers im Hinblick auf eine Person, die der Erblasser noch erlebt, regelmäßig nicht missbräuchlich sei.[495] Diese Überlegungen wurden für die Testamentsvollstreckung übernommen.[496]

Das ordnungspolitische Argument mag je nach rechtspolitischer Haltung und Zielsetzung heute noch genauso zu überzeugen wie bei Inkrafttreten des BGB.[497] Allerdings sollte der Beitrag der zeitlichen Grenzen zur Eigentumsstreuung nicht überschätzt werden. Denn einerseits steht mit der Privatstiftung eine funktional verwandte, aber zeitlich nicht beschränkte Gestaltung offen.[498] Andererseits beruhen die maßgeblichen wirtschaftlichen Machtkonzentrationen weniger auf erbrechtlicher Sukzession als auf Kapitalgesellschaften und der damit einhergehenden Trennung von Eigentum und Unternehmensführung.[499] Zudem hatte die Furcht vor größeren Sondervermögen aufgrund der veränderten Vermögenszusammensetzung im 18. und 19. Jahrhundert ein anderes Gewicht als heute.[500]

Ohnehin empfiehlt sich eine individualrechtliche Begründung.[501] Im Prinzipienkonflikt zwischen der Testierfreiheit einerseits und

---

BGH gerichtete Verfassungsbeschwerde nicht zur Entscheidung angenommen (Beschluss [Kammer] 1 BvR 909/08 vom 25. 3. 2009).

[493] Mot. V, 90f.; Prot. V, 87f. und 308; dazu *Mertens* (Fn. 92), S. 141ff.

[494] Prot. V, 86f.

[495] Prot. V, 86ff.

[496] Prot. V, 308.

[497] Zu den sozialen Aufgaben des Erbrechts oben, B. III. 1.

[498] Kritisch etwa *Staudinger/Rawert* (1995), vor §§ 80ff. Rn. 132ff.; *Däubler*, JZ 1969, 499 (502); zur Reformdiskussion *Röthel*, in: GS Walz (2008), S. 617 (630ff.). – Die Erbersatzsteuer für Familienstiftungen (§ 1 Abs. 1 Nr. 4 ErbStG) knüpft zwar ebenfalls an eine 30 Jahres-Frist an, doch ist dies fiskalischen Zwecken geschuldet: der gleichen Besteuerung von Vermögen im Generationenwechsel; vgl. BVerfGE 63, 312 (323ff.) – Verfassungsmäßigkeit der Erbersatzsteuer; kritisch etwa *Wachter*, in: Richter/Wachter (Hrsg.), Handbuch des internationalen Stiftungsrechts (2007), § 22 Rn. 197ff.

[499] Im Zusammenhang mit der Vor- und Nacherbfolge *Lange/Kuchinke*, § 28 I 2d (S. 574); näher *Großfeld*, Aktiengesellschaft (1968), S. 99ff.; *ders.*, in: FS für Kummer (1980), S. 9ff.; *Beckert*, in: Röthel (Fn. 5), S. 1 (10).

[500] Insbesondere weil das Vermögen heute nur zu einem geringeren Teil aus Grundvermögen und zum weitaus größeren Teil aus Forderungen besteht; näher etwa *Richter*, Rechtsfähige Stiftung und Charitable Corporation (2001), S. 406f.

[501] Dazu bereits oben, B. III.

dem Schutz des Erben vor ideeller und wirtschaftlicher Bevormundung andererseits werden die verfassungsrechtlich zwingenden, wirtschaftlichen Teilhabeinteressen aber bereits durch das Pflichtteilsrecht abgedeckt.[502] Dies würde auch einer unbegrenzten Einschränkung oder Vorenthaltung von Verfügungsbefugnis die wirtschaftliche Härte nehmen. Individualrechtlich erklärbar werden die zeitlichen Beschränkungen erst mit Blick auf die Testierfreiheit. Ein unbegrenzter postmortaler Willensschutz ist unserer Rechtsordnung fremd.[503] Genauso wie der Achtungsanspruch des Persönlichkeitsrechts[504] oder des geistigen Schaffens[505] im Laufe der Zeit erlischt, vermindert sich auch der Achtungsanspruch letztwilliger Autonomie. Der Wille des Erblassers verliert mit der Zeit an legitimierender Kraft. Dahinter steht die Überlegung, dass die Wirkungen letztwilliger Verfügungen mit zunehmender Dauer immer weniger vorhersehbar werden. Damit verlieren sie zugleich an Intentionalität und Verantwortetheit: Nacherbfolge und Testamentsvollstreckung könnten Personen treffen oder Wirkungen haben, die der Erblasser – wenn keine zeitliche Wirkungsgrenze bestünde – nicht verantwortungsvoll bedacht haben kann.

Nimmt man diesen Gedanken als Gestaltungsrichtlinie, ist § 2109 Abs. 1 S. 2 Nr. 1 BGB nach wie vor zeitgemäß. Reformbedürftig ist aber § 2210 S. 2 BGB. Es gilt sicherzustellen, dass die Verwaltungsvollstreckung nur solange wirksam ist, als der Erblasser die Person des Erben in seinen Willen aufnehmen konnte. Daher sollte, genauso wie bei § 2109 Abs. 1 S. 2 Nr. 1 BGB, eine Obergrenze dadurch gezogen werden, dass der betroffene Erbe zum Erbfall bereits gelebt hat.[506] Dies lässt in begrenztem Rahmen Ersatz- und Drittbestimmungen zu, verhindert aber die derzeit nach dem Wortlaut von § 2210 S. 2 Alt. 2 BGB in Verbindung mit §§ 2198ff. BGB mögliche verewigte Dauervollstreckung. Ohnehin ist nicht einsichtig, dass das Erlöschen der Dauervollstreckung de lege lata auch durch ein Ereignis in der Person des Vollstreckers hinausgeschoben werden kann:

---

[502] Näher *Röthel* (Fn. 498), S. 617 (633f.); genauso BGHZ 174, 346 (358).

[503] *Großfeld/Gersch*, JZ 1988, 937 (insbesondere 943).

[504] § 12 Abs. 2 S. 2 des Entwurfs eines Gesetzes zur Neuordnung des zivilrechtlichen Persönlichkeits- und Ehrenschutzes (BT-Drucks. 3/1237) wollte auch hier die 30-Jahres-Frist übernehmen. Die Rspr. orientiert sich eher an § 22 S. 3 KUG, siehe BGHZ 169, 193 (199). – Klaus Kinski. Parallelen auch bei *Sasse* (Fn. 491), S. 96ff.

[505] §§ 64 Abs. 1, 28 Abs. 2 UrhG.

[506] Dies wurde bislang nur für die Person des Testamentsvollstreckers vertreten; *Kipp/Coing*, § 69 III 2; *Bund*, JuS 1966, 60 (62); *Staudinger/Reimann*, § 2210 Rn. 11: bis zum Tod eines Nachfolgers, der bereits zum Zeitpunkt des Erbfalls gelebt hat (sog. Generationentheorie); noch enger *W. Zimmermann*, ZEV 2006, 508 (509): bis zum Tod des ersten, vom Erblasser ernannten Testamentsvollstreckers. – Gegen alle diese Auffassungen aber BGHZ 174, 346 (354ff.).

Die Dauervollstreckung findet ihre innere Berechtigung in Gründen des Erben oder des Nachlasses, nicht aber in der Versorgung des Testamentsvollstreckers.[507] Ansonsten müsste eine absolute Höchstfrist überlegt werden.[508]

Ob die pauschalen 30-Jahres-Fristen noch zeitgemäß sind, ist gegenüber den praktisch bedeutsameren Erweiterungen (§§ 2109 Abs. 1 S. 2, 2210 S. 2 BGB) fast nebensächlich. Indes ergeben sich Zweifel an ihrer Folgerichtigkeit. Sollte die Grenze den Generationenwechsel mit dem Tod der Elterngeneration typisieren, müsste sie angesichts der gestiegenen Lebenserwartung drastisch verlängert werden auf 70 oder 80 Jahre.[509] Dann aber war sie schon bei Inkrafttreten des BGB zu kurz. Richtiger dürfte sein, dass die 30-Jahres-Frist als Typisierung der Zeitspanne gedacht war, um die die Kindergeneration die Elterngeneration überlebt.[510] Aber auch bei diesem Verständnis ergäben sich aus der weiter ansteigenden Lebenserwartung eher Anhaltspunkte für eine Verlängerung der 30-Jahres-Frist.[511]

---

[507] Kritisch auch *W. Zimmermann*, ZEV 2006, 508; *Zimmer*, NJW 2008, 1125 (1127). – Nach wie vor richtig ist aber, dass ein Ereignis in der Person des Vollstreckers zur vorzeitigen Beendigung der Dauervollstreckung führen kann.

[508] Dafür *Edenfeld*, DNotZ 2003, 4 (18f.): 60 Jahre seit dem Erbfall; kritisch *Zimmer*, NJW 2008, 1125 (1126). Eine Begrenzung auf 60 Jahre erschiene aber z.B. in dem Fall nicht sachgerecht, dass die Testamentsvollstreckung über den Nachlass eines behinderten Kindes angeordnet wird, das den Erbfall auch noch mehr als 60 Jahre überleben kann.

[509] So auch der Vorschlag des Law Reform Committee aus dem Jahr 1956 zur Modifizierung der rule against perpetuities im englischen Recht; vgl. *Kötz* (Fn. 451), S. 52.

[510] Dafür spricht, dass die Frist bei der Nacherbschaft damit begründet wurde, dass sich die meisten Nacherbschaften in diesem Zeitraum ohnehin „erledigten", Prot. V, 86f.

[511] So bereits die Diskussion der Entstehungszeit, Prot. V, 86: Eine Erweiterung auf 40 Jahre wurde nur aus Gründen der Einheitlichkeit abgelehnt.

G. Internationales Erbrecht

I. Befund

Das Kollisionsrecht der Rechtsnachfolge von Todes wegen bestimmt sich in Deutschland genauso wie in unseren Umgebungsrechtsordnungen im Wesentlichen nach autonomem (nationalem) Recht. Sieht man von der Testamentsform ab,[512] spielt staatsvertragliches Kollisionsrecht nur eine untergeordnete Rolle, in Deutschland insbesondere das deutsch-türkische Nachlassabkommen aus dem Jahr 1931[513] und das deutsch-persische Niederlassungsabkommen aus dem Jahr 1929.[514] Mehrseitige Staatsverträge über das anzuwendende Recht mit Wirkung für Deutschland bestehen derzeit nicht.[515] Das internationale Erbrecht ist damit nach wie vor im Wesentlichen autonomes, also nationales Recht. Die wesentlichen Entscheidungen des deutschen Rechts sind in Art. 25 EGBGB getroffen. Mit Art. 25 Abs. 1 EGBGB hat der deutsche Gesetzgeber auch im Zuge der IPR-Reform 1986 an der grundsätzlichen und umfassenden Geltung des Heimatrechts (Staatsangehörigkeitsprinzip, Prinzip der Nachlasseinheit) festgehalten. Einzige Neuerung war die punktuelle Eröffnung einer Rechtswahl: Für im Inland belegenes Grundvermögen kann durch Verfügung von Todes wegen deutsches Recht gewählt werden (Art. 25 Abs. 2 EGBGB).

Die objektive Anknüpfung an die Staatsangehörigkeit bedeutet für die inländischen Stellen einen steigenden Aufwand für Fremdrechtsanwendungen.[516] Gemessen an den Verhältnissen bei Inkrafttreten

---

[512] Haager Übereinkommen über das auf die Form letztwilliger Verfügungen von Todes wegen anzuwendende Recht vom 5. 10. 1961 (BGBl. 1965 II 1145).

[513] Konsularvertrag zwischen dem Deutschen Reich und der Türkischen Republik vom 28. 5. 1929 (RGBl. 1930 II, 748).

[514] Niederlassungsabkommen zwischen dem Deutschen Reich und dem Kaiserreich Persien, geschlossen am 17. 2. 1929 (BGBl. 1955 II, 829).

[515] Insbesondere ist das Haager Übereinkommen über das auf die Rechtsnachfolge von Todes wegen anzuwendende Recht vom 1. 8. 1989 (Actes et documents 16 [1988-II], 514ff.; dazu *Lagarde*, Rev. crit. dr. Intern. Privé 78 [1989], 249ff.) nicht in Kraft getreten.

[516] Die internationale Zuständigkeit deutscher Stellen folgt inzwischen im streitigen wie im nichtstreitigen Verfahren den Regeln über die örtliche Zuständigkeit. Im streitigen Verfahren sind deutsche Gerichte – nach dem insoweit ungeschriebenen Grundsatz der Doppelfunktionalität – regelmäßig zuständig, wenn der Erblasser im Inland

des BGB hat sich der Anteil von Ausländern an der deutschen Wohnbevölkerung mehr als vervierfacht.[517] Der Anteil von EU-Ausländern an der deutschen Wohnbevölkerung wird auf inzwischen 2,26% geschätzt.[518] Nach wie vor übersteigt der Zuzug von Ausländern den Wegzug von Deutschen.[519] Etwa 552000 der in Deutschland lebenden Ausländer sind derzeit älter als 65 Jahre.[520] Diese Zahlen spiegeln den Erfolg der Integrationspolitik der letzten Jahrzehnte wider. Nun gilt es, die damit verbundenen Folgen zu bewältigen. Für das Erbrecht geht es um die kontinuierlich steigende Anzahl von Erbfällen unter Beteiligung ausländischer Erblasser oder im Ausland belegenen Vermögens.[521] Schon aus Gründen der Praktikabilität und Effizienz bestehen Zweifel an der Zeitgemäßheit von Art. 25 EGBGB.[522] Auch der Verordnungsvorschlag der Kommission vom 14. 10. 2009[523] legt eine Vergewisserung über die Sachrichtigkeit der herkömmlichen Kollisionsregeln nahe.

II. Mögliche Reformen

1. Übergang zum Aufenthaltsprinzip

In den meisten Fällen ließen sich Fremdrechtsanwendungen durch Berufung des Rechts des letzten gewöhnlichen Aufenthalts vermei-

seinen Wohnsitz (§§ 27 Abs. 1, 12, 13 ZPO) hatte. Im nichtstreitigen Verfahren wurde die sog. Gleichlauftheorie mit dem FamFG aufgegeben. Die internationale Zuständigkeit folgt daher nicht mehr der Anwendbarkeit deutschen Rechts, sondern ebenfalls der örtlichen Zuständigkeit (§ 105 FamFG), d.h. wenn der Erblasser im Inland seinen Wohnsitz bzw. mangels eines solchen seinen letzten gewöhnlichen Aufenthalt hatte (§ 343 Abs. 1 FamFG). Eine ähnliche Regelanknüpfung ist nun auf europäischer Ebene geplant; zum Entwurf einer ErbrechtsVO noch unten, Fn. 523.

[517] Siehe oben, B. I. 2. b.

[518] Einschätzungen nach DNotI (Hrsg.), Les Successions Internationales dans l'UE. Studie im Auftrag der Europäischen Kommission (2004), S. 187ff.

[519] Siehe zuletzt die Zahlen für 2007 (Statistisches Bundesamt [Fn. 31], 2.38): Dem Wegzug von 55091 Deutschen standen 99003 Zuzüge von Ausländern gegenüber.

[520] Statistisches Bundesamt (Fn. 31), Tabelle 5 (S. 46).

[521] Abzusehen schon in den 80er Jahren; dazu *Basedow/Diehl-Leistner*, in: Jayme/Mansel (Hrsg.), Nation und Staat im Internationalen Privatrecht (1988), S. 13 (29ff.); *Basedow*, NJW 1986, 2971 (2977). Für die EU wird geschätzt, dass 9–10% aller Erbfälle eine „internationale" Dimension haben; siehe Begründung des VO-Entwurfs KOM (2009) endg. 154, sub. 2.2.

[522] Nachdrücklich *Basedow/Diehl-Leistner* (Fn. 521), S. 13 (39ff.); *Dörner*, in: FS für Holzhauer (2005), S. 474 (477ff.).

[523] Vorschlag für eine Verordnung über die Zuständigkeit, das anzuwendende Recht, die Anerkennung und die Vollstreckung von Entscheidungen und öffentlichen Urkunden in Erbsachen sowie zur Einführung eines Europäischen Nachlasszeugnisses vom 14. 10. 2009, KOM (2009) 154 endg.

den. Der Übergang vom Staatsangehörigkeits- zum Aufenthaltsprinzip gehört zu den zentralen Veränderungstendenzen des autonomen und staatsvertraglichen Kollisionsrechts.[524] In europäischen und internationalen Rechtsakten zum Familienrecht hat sich das Aufenthaltsprinzip weithin durchgesetzt.[525] Dieselbe Entwicklung zeichnet sich für das Erbrecht ab: Bereits das Haager Abkommen über das auf die Rechtsnachfolge von Todes wegen anwendbare Recht aus dem Jahr 1989[526] favorisierte die Aufenthaltsanknüpfung. Auch für die auf lange Sicht zu erwartende ErbrechtsVO der Gemeinschaft[527] wird der Übergang zum Aufenthaltsprinzip prognostiziert.[528] Dies entspricht u.a. den Empfehlungen des DNotI.[529] Im autonomen Kollisionsrecht ist das Aufenthaltsprinzip bereits in der Schweiz[530] sowie in einigen nordischen Rechtsordnungen[531] und in den Niederlanden[532] verwirklicht.[533]

a) Unsicherheiten

Ein Übergang zum Aufenthaltsprinzip im deutschen Erbkollisionsrecht hätte in erster Linie den Vorteil, aufwendige Fremdrechts-

---

524 Bereits *Neuhaus*, Die Grundbegriffe des IPR, 2. Aufl (1976), § 27 V; zum derzeitigen Diskussionsstand einerseits *Rauscher*, in: FS für Jayme (2004), S. 719 (730ff.), andererseits *Rohe*, in: FS für Rothoeft (1994), S. 1ff.; *Henrich*, in: FS für Stoll (2001), S. 437ff. jeweils m.w.N.

525 Etwa in den Haager Übereinkommen über den internationalen Schutz von Erwachsenen (ESÜ) vom 13. 1. 2002 (BGBl. 2007 II 323), über den Schutz von Minderjährigen (MSA) vom 5. 10. 1961 (BGBl. 1971 II 217), über die elterliche Verantwortung und Maßnahmen zum Schutz von Kindern (KSÜ) vom 19. 10. 1996 sowie in der VO (EG) Nr. 1347/2000 (EuEheVO) vom 27. 11. 2003, ABl.EU 2003 Nr. L 338/1ff. und der VO (EG) Nr. 4/2009 (EuUnthVO) vom 18. 12. 2008, ABl.EU 2009 Nr. L 7/1 ff.

526 Art. 3 des Übereinkommens (Fn. 513).

527 Siehe Art. 16 des VO-Entwurfs (Fn. 523): Anknüpfung an den letzten gewöhnlichen Aufenthalt; inhaltlich genauso der Vorschlag des MPI für ausl. und internat. Recht vom 26. 3. 2010, RabelsZ 74 (2010), Heft 3.

528 Etwa *Dutta*, RabelsZ 73 (2009), 547ff.; *Kohler/Pintens*, FamRZ 2009, 1529 (1531).

529 DNotI (Fn. 518), Vorschlag 2. a (S. 24); siehe auch schon den Vorschlag von *Neuhaus/Kropholler*, RabelsZ 44 (1980), 325 (333, 335): Maßgebend ist das Recht des Staates, in dem der Erblasser seinen gewöhnlichen Aufenthalt im Zeitpunkt des Todes hatte (Art. 24, 29 IPRG-Entwurf). Für eine Berufung des Heimatrechts aber die Empfehlung des Deutschen Rats für IPR (Erbrecht I. § A I) sowie der Entwurf von *Kühne* (§ 29 I).

530 Art. 90 Abs. 1 IPRG.

531 Etwa in Finnland (Art. 26 § 5 Abs. 1 ErbG [PK]: letzter Wohnsitz) und in Estland (§ 24 IPRG: letzter Wohnsitz). Dänemark verwirklicht das Domizilprinzip.

532 Art. 1, 3 des Gesetzes über das Kollisionsrecht der Erbfolge vom 4. 9. 1996.

533 Ansonsten gilt das Aufenthaltsprinzip in den romanischen Rechtsordnungen bzgl. beweglichen Vermögens, so etwa in Belgien (Art. 78 § 1 belg. IPRG), Luxemburg und in Frankreich. – An die Staatsangehörigkeit knüpfen derzeit u.a. an: Polen (Art. 34 IPRG); Italien (Art. 46 Abs. 1 IPRG); Österreich (Art. 28 Abs. 1 IPRG); Portugal (Art. 62, 31 C.c.), Tschechien (Art. 17 IPRG); Ungarn (§ 36 Abs. 1 IPRG).

anwendungen entbehrlich zu machen. Gleichwohl müsste sich der Übergang zur Aufenthaltsanknüpfung auch inhaltlich als engste Verbindung zu einer Rechtsordnung empfehlen. Hier sind Verallgemeinerungen und Setzungen unvermeidlich. Ob die engste Verbindung eher zu dem Recht am Ort des letzten gewöhnlichen Aufenthalts oder eher zu dem Recht der Staatsangehörigkeit des Erblassers besteht, entzieht sich eindeutigen Generalisierungen. Zwar sprechen die vermögensmäßigen Wirkungen des Erbrechts für eine Anknüpfung an den letzten gewöhnlichen Aufenthalt, weil sich dort regelmäßig auch der Großteil des Vermögens befinden wird.[534] Auch die mit 18,2 Jahren vergleichsweise hohe durchschnittliche Aufenthaltsdauer ausländischer Staatsangehöriger in Deutschland mag in diese Richtung weisen.[535] Weniger eindeutig lassen sich die ideellen und personalen Erbbedeutungen[536] zuweisen. Ob beispielsweise mit Blick auf die Erberwartungen von Kindern und Ehegatten die engste Verbindung zum Aufenthaltsrecht oder zum Heimatrecht besteht, hängt entscheidend davon ab, wie groß die rechtlichen und soziokulturellen Unterschiede zwischen der Aufenthaltsrechtsordnung und der Heimatrechtsordnung sind und wie stark die Integrationsneigung des Erblassers und seiner Familie ist. Zwar dürfte mit zunehmender Konvergenz der europäischen Privatrechtsordnungen und einer sich sukzessive verstärkenden europäischen Integrationskultur das Heimatrecht für Unionsbürger, die sich dauernd im europäischen Ausland aufhalten, langfristig an Bedeutung verlieren. Anderes kann aber bei Angehörigen stark kontrastierender Rechts- und Kulturkreise der Fall sein, deren Familien- und Generationenbeziehungen u.U. auch nach längerem Aufenthalt in Deutschland noch im Wesentlichen durch die Ordnungsvorstellungen des Heimatrechts geprägt sind, wie dies nicht selten für Angehörige islamischer Staaten der Fall ist.[537] Dies gilt umso mehr, als die Einbürgerung im vergangenen Jahrhundert eher erleichtert als erschwert wurde.[538] Das

---

[534] So auch die Begründung zu Art. 16 VO-Entwurf (Fn. 523).

[535] Näher Statistisches Bundesamt (Fn. 31), Tabellen 8 und 9 (S. 60 ff.). Für einzelne Bevölkerungsgruppen liegt die durchschnittliche Aufenthaltsdauer sogar noch höher, etwa für italienische (26,6 Jahre) und türkische Staatsangehörige (22,4 Jahre).

[536] Siehe oben, B. III. 2. a.

[537] Siehe beispielhaft für den Zusammenhang von kultureller Distanz und Integrationsneigung die Ergebnisse von *Gerhards/Hans*, Akkulturation und die Vergabe von Vornamen, in: Kalter (Hrsg.), Integration und Migration, KZfSS Sonderheft 48 (2008), S. 464 ff.

[538] Ähnliche Unsicherheiten wie gegenüber der Integrationsneigung bestehen im Hinblick auf die Einbürgerungsneigung; näher *Diehl/Blohm*, Die Entscheidung zur Einbürgerung. Optionen, Anreize und identifikative Aspekte, KZfSS Sonderheft 48 (2008), S. 437 ff.

Aufenthaltsprinzip empfiehlt sich also nicht so eindeutig, wie dies zuweilen erscheint.[539]

b) Differenzierende Lösungen

Wenn gleichwohl aus Praktikabilitätsgründen das Aufenthaltsprinzip favorisiert wird, sollten differenzierende Lösungen erwogen werden. Erstens ist denkbar, zwischen Unionsbürgern und Angehörigen aus Drittstaaten zu unterscheiden und bei Drittstaatern aus Gründen des Stabilitätsinteresses am Staatsangehörigkeitsprinzip festzuhalten.[540] Da Unionsbürger in Deutschland nach wie vor die größte Gruppe der Ausländer stellen,[541] wäre damit immer noch ein beachtlicher Praktikabilitätsgewinn verbunden. Eine ähnliche Wirkung könnte dadurch erzielt werden, dass eine generelle Aufenthaltsanknüpfung mit einer *Ausweichklausel* verbunden wird, nach der ausnahmsweise das Heimatrecht berufen wird, wenn zu ihm engere Verbindungen bestehen.[542]

Zweitens ist zu überlegen, den Übergang zum Aufenthaltsprinzip an eine *Mindestaufenthaltsdauer* zu knüpfen. Immerhin ist die Aufenthaltsdauer der einzige äußere Anhaltspunkt für die mit dem Aufenthaltsprinzip vermutete Integrationsneigung des Erblassers und seiner Familie. Auf diese Weise ließen sich zufällige Ergebnisse verhindern.[543] Das Haager Übereinkommen aus dem Jahr 1989 hatte einen Mindestaufenthalt von fünf Jahren vorgeschlagen;[544] genauso haben die Niederlande[545] und Finnland[546] entschieden. Man mag auch darin eine angreifbare Generalisierung sehen.[547] Doch dürfte der damit verbundene Richtigkeitsgewinn größer zu veranschlagen sein: Im Regelfall werden mit steigender Aufenthaltsdauer die Beziehungen zum Aufenthaltsrecht enger.

---

[539] *Kühne*, Die Parteiautonomie im internationalen Erbrecht (1973), S. 64 ff.; in jüngerer Zeit etwa *Jud*, GPR 2005, 133 (135 ff.).

[540] In diese Richtung auch *Kindler*, IPrax 2010, 44 (48 f.).

[541] Siehe bereits oben, Fn. 518.

[542] So bereits Art. 3 Abs. 2 S. 2 und Abs. 3 des Haager Übereinkommens (Fn. 513); dafür de lege ferenda *Hohloch*, in: FS für Stoll (2001), S. 533 (550).

[543] Etwa wenn der Erblasser nach einer befristeten Tätigkeit im Ausland eigentlich die Absicht hatte, in sein Heimatland zu seiner dort lebenden Familie zurückzukehren, daran aber durch einen Unfall gehindert wird.

[544] Art. 3 Abs. 2 S. 1 des Haager Übereinkommens (Fn. 513).

[545] Art. 1 ErbIPRG i. V. m. Art. 3 Abs. 2 Haager Übereinkommen (Fn. 513); de lege ferenda *Rohe* (Fn. 524), S. 1 (35 f.); *v. Bar*, RabelsZ 57 (1993), 63 (112); *Hohloch*, in: FS für Schlechtriem (2003), S. 377 (393).

[546] Art. 26 § 5 Abs. 2 ErbG.

[547] Abgelehnt etwa in der Stellungnahme der Ersten Kommission des Deutschen Rates für IPR (vgl. *Bauer*, IPrax 2006, 202 [203]) sowie vom DNotI (Fn. 518), S. 262; kritisch schon *Neuhaus* (Fn. 524), § 29 II 3. Auch in den VO-Entwurf (Fn. 523) ist die Mindestaufenthaltsdauer nicht eingegangen.

2. Stärkung der Parteiautonomie

Den verbleibenden Unsicherheiten über die sachrichtigste Anknüpfung könnte durch Stärkung der Parteiautonomie begegnet werden. Bislang spielt die Rechtswahl im internationalen Erbrecht allerdings nur eine untergeordnete Rolle. Gemäß Art. 25 Abs. 2 EGBGB kann lediglich deutsches Belegenheitsrecht gewählt werden. Weitergehende Empfehlungen[548] sind nicht Gesetz geworden. Auch in den meisten europäischen Rechtsordnungen ist eine Rechtswahl ganz oder weitgehend ausgeschlossen. Anders haben lediglich die Niederlande, Belgien, die Schweiz, Italien und Finnland entschieden.[549] Regelungsvorbild war dabei das Haager Übereinkommen aus dem Jahr 1989.[550] Diese Gedanken prägen auch die europäische Diskussion. Der im Herbst 2009 vorgelegte Entwurf einer Erbrechtsverordnung schlägt die Wahl des Heimatrechts vor.[551] Die vorbereitende Studie des DNotI hatte eine noch weiter gehende Rechtwahl empfohlen.[552]

Im kollisionsrechtlichen Schrifttum wird eine Stärkung der Parteiautonomie seit Längerem zur Bewältigung der aufgezeigten „Anknüpfungsverlegenheit" empfohlen.[553] Dies steht im Einklang mit materiell-rechtlichen Weiterentwicklungen im Verständnis der Testierfreiheit.[554] Die mit Art. 25 Abs. 2 EGBGB zum Ausdruck kommenden generellen Vorbehalte gegenüber der Parteiautonomie[555] lassen sich nicht mit dem Stellenwert der Autonomie im Erbrecht vereinbaren. Es erscheint widersprüchlich, dem Erblasser zu gestat-

---

548 Für erweiterte Rechtswahl plädierten die Erste Kommission des Deutschen Rates für IPR vom 5. 5. 1979 (Erbstatut, § A [2]) sowie die Entwürfe von *Kühne* (§ 29 II) und *Neuhaus/Kropholler* (Art. 24 Abs. 2); dazu Max-Planck-Institut für ausländisches und internationales Privatrecht (Hrsg.), Reform des deutschen IPR (1980).

549 Niederlande: Art. 1 ErbIPRG; Belgien: Art. 79 IPRG; Finnland: Art. 26 § 6 ErbG; Italien: Art. 46 Abs. 2 IPRG; näher DNotI (Fn. 518), S. 242 ff.

550 Art. 5 des Haager Übereinkommens (Fn. 513); näher *Scoles*, Am. J. Comp. L. 42 (1994), 85 ff.

551 Art. 17 Abs. 1 VO-Entwurf (Fn. 523): „Eine Person kann die Rechtsnachfolge in ihren gesamten Nachlass dem Recht des Staates unterwerfen, dessen Staatsangehörigkeit sie besitzt."

552 DNotI (Fn. 518), S. 266 ff. Danach sollen u. a. wählbar sein das Heimatrecht im Zeitpunkt des Erbfalls, das Heimatrecht im Zeitpunkt der Rechtswahl, wenn dort zugleich der gewöhnliche Aufenthalt besteht, sowie das Aufenthaltsrecht im Zeitpunkt des Todes. Weitergehend auch Art. 17 Abs. 1 MPI-Entwurf (Fn. 527).

553 Insbesondere von *Kühne* (Fn. 539), S. 64 ff.; *Dölle*, RabelsZ 30 (1966), 205 (230); *Sturm*, in: FS für Wolf (1985), 637 ff.; *Dreher*, Die Rechtswahl im internationalen Erbrecht (1999), S. 44 ff.; *Dutta*, RabelsZ 73 (2009), 547 (569 ff.).

554 So etwa *Dörner/Hertel/Lagarde/Riering*, IPrax 2005, 3 (5).

555 Begründung des Rechtsausschusses, vom 9. 6. 1986, BT-Drucks. 10/5632 S. 44.

ten, die Rechtsnachfolge weitgehend nach eigenen Vorstellungen zu gestalten, ihm aber die Wahl einer abweichenden Rechtsordnung generell zu versagen. Auch die Einsichten zu den verfassungsrechtlichen Gehalten der Testierfreiheit[556] legen eine maßvolle Stärkung der Parteiautonomie nahe.

a) Inhaltliche Grenzen

Allerdings resultieren aus den verfassungsrechtlich vorgezeichneten immanenten Grenzen der Testierfreiheit zugleich die entscheidenden Grenzen erbrechtlicher Parteiautonomie. Damit ist zunächst die Mindestteilhabe von Kindern (Pflichtteilsrecht) angesprochen.[557] In der Vergangenheit wurde darin das entscheidende Argument gegen eine Stärkung der Parteiautonomie gesehen.[558] Innerhalb des grundrechtlichen Ausgestaltungsspielraums steht aber aus verfassungsrechtlicher Perspektive bei hinreichendem kollisionsrechtlichem Interesse einer Berufung gleichwertiger Rechtsordnungen nichts im Wege. Der verfassungsrechtlich gebotene Mindestschutz könnte über den ordre public-Einwand[559] bewirkt werden. Langfristig dürfte diese Frage mit der sich abzeichnenden europäischen Konvergenz in den Konzepten familiärer Nachlassbeteiligung (Pflichtteil, Noterbrecht oder *family provision*) jedenfalls für Unionssachverhalte ohnehin an Bedeutung verlieren.[560]

Der eigentliche Zweifelspunkt liegt heute in der Entscheidung des hinreichenden kollisionsrechtlichen Interesses. Der mit einer Rechtswahl verbundene Autonomiegewinn, etwa im Hinblick auf unterschiedlich weit reichende Gestaltungsmöglichkeiten (Testamentsvollstreckung, Nacherbschaft, vertragliche Bindungen, Pflichtteil),

---

[556] Siehe oben, B. II. 1. b bb.

[557] Siehe oben, B. II. 1. a.

[558] Begründung des Rechtsausschusses vom 9. 6. 1986, BT-Drucks. 10/5632 S. 44.

[559] Formulierungsvorschlag einer speziellen ordre public-Klausel bei *Rauscher*, in: FS für Jayme (2004), S. 719 (745); weitergehend Art. 79 § 1 belg. IPRG: „Toutefois cette désignation ne peut avoir pour résultat de priver un héritier d'un droit à la reserve que lui assure le droit applicable en vertu de l'article 78."

[560] Dies gilt auch für den angloamerikanischen Rechtskreis. Seit den 1970er Jahren sind family provisions kontinuierlich gestärkt worden. Siehe nur für das englische Recht die Entwicklung vom Inheritance (Provision for Family and Dependants) Act 1975 zum Law Reform (Succession) Act 1995 (Ergänzung um Ansprüche des nichtehelichen Lebensgefährten). Inzwischen werden auch Ansprüche erwachsener, nicht bedürftiger Kinder für möglich gehalten, näher *Kerridge* (Fn. 237), Rn. 8–80 m. w. N. Für das Jahr 2011 ist eine weitere Revision geplant (Intestacy and family provision claims on death, Law Commission consultation paper no. 191 vom 29. 10. 2009). Ähnlich das Fazit der EU-Kommission in der Begründung zu Art. 17 VO-Entwurf (Fn. 523).

bedeutet eine Privilegierung des Erblassers, die ihre Rechtfertigung in der Auslandsberührung finden muss. Liberalistische und individualistische Forderungen tragen die Parteiautonomie im Erbrecht nicht in demselben Maß wie im Schuldvertragsrecht.[561] Die Rechtswahl soll dem Erblasser nicht dazu verhelfen, irgendein Erbrecht zu wählen, sondern lediglich die Wahl einer Erbrechtsordnung ermöglichen, zu dem eine engere Verbindung besteht als zu dem objektiv berufenen Erbrecht. Das Interesse des Erblassers nach Planungssicherheit oder der Wunsch, ein Recht zu wählen, das für die Verwirklichung der testamentarischen Pläne am besten geeignet erscheint, legitimieren die Besserstellung gegenüber dem inländischen Erbfall nicht. Es besteht daher weitgehend Einigkeit darüber, dass sich eine unbeschränkte Rechtswahl für das Erbrecht nicht empfiehlt.[562]

Umgekehrt erscheint es unabweisbar, dass der langfristig wahrscheinliche Übergang zum Aufenthaltsprinzip erst dann vollständig überzeugen kann, wenn zugleich die Wahl des Heimatrechts im Zeitpunkt des Erbfalls eröffnet wird. Dies entspricht dem Vorschlag der EU-Kommission (Art. 17 VO-Entwurf).[563] Materiell-rechtliche Motivationen sind zwar auch hierbei denkbar, doch würden sie sich mit nachvollziehbaren, gewichtigen Herkunftsinteressen treffen. Kollisionsrechtlich mit Herkunftsinteressen begründbar ist auch die Wahl eines früheren Heimatrechts.[564] Anderes gilt für die Wahl eines früheren Aufenthaltsrechts[565] und für die Wahl des Aufenthaltsrechts im Errichtungszeitpunkt.[566] Mit der Aufgabe des Aufenthalts

[561] Vgl. *Kropholler*, IPR, 6. Aufl. (2006), § 40 III 2; weitergehend *Dutta*, RabelsZ 73 (2009), 547 (573 ff.).

[562] So auch die ausländischen Regelungsvorbilder (oben Fn. 549) und die bisherigen Reformvorschläge (oben Fn. 551 ff.); weitergehend *Dutta*, RabelsZ 73 (2009), 547 (576). – Eine unbeschränkte Rechtswahl ist zwar im US-amerikanischen Uniform Probate Code (sec. 2–703, Stand 2008) vorgesehen. Doch wird die Rechtswahl durch spezielle Kappungsregeln und ordre public-Vorbehalte wieder eingeschränkt: „unless the application of that law is contrary to the provisions relating to exempt property and allowances described in Part 4, or any other public policy of this State otherwise applicable to the disposition." Das an sich anwendbare Recht kann also nur insoweit derogiert werden, als dies der materiell-rechtlichen Testierfreiheit entspricht.

[563] Genauso *Basedow/Diehl-Leistner* (Fn. 521), S. 13 (41 f); *Jud*, GPR 2005, 133 (136 ff.).

[564] Der Erblasser kann nur für sich durch den Wechsel der Staatsangehörigkeit eine Integration vollzogen haben, während die Familie nach wie vor von den Ordnungsvorstellungen des gemeinsamen, vom Erblasser abweichenden Heimatrechts geprägt ist. Hier besteht ein berechtigtes Interesse des Erblassers an der Berufung eines früheren Heimatrechts; vgl. auch *Sturm*, in: FS für Wolf (1985), 637 (654).

[565] Siehe aber Art. 26 § 6 Abs. 2 Nr. 2 PK (Finnland).

[566] So aber Art. 5 Abs. 1 des Haager Übereinkommens (Fn. 513) und die Empfehlung des DNotI (Fn. 518), S. 267 sowie Art. 17 Abs. 1 lit b MPI-Entwurf (Fn. 527); nochmals *Dörner* (Fn. 522), S. 474 (482) und nun auch *Kindler*, IPrax 2010, 44 (49).

schwindet das hinter dem Aufenthaltsrecht stehende Integrationsinteresse, und an seine Stelle treten neue Verbindungen zum neuen Aufenthaltsrecht. Wer die Wählbarkeit früheren Aufenthaltsrechts zulässt, akzeptiert in großem Ausmaß materiell-rechtliche Motivationen.[567]

b) Wirksamkeitsanforderungen

Eine Rechtswahl kann die umfassendste und folgenschwerste Entscheidung der Nachlassgestaltung bedeuten. Der Erblasser kann mit einem Federstrich die gesetzliche Erbfolge umgestalten und über Verfügungsarten und Verfügungsinhalte entscheiden. Dabei können Vorstellungen und Erwartungen der Familie oder des persönlichen Umfelds in noch größerem Umfang enttäuscht werden als durch bloßes Testieren. Damit verbinden sich gesteigerte Anforderungen an die Intentionalität[568] der Rechtswahl: Die Rechtswahl muss sich hinreichend sicher auf einen entsprechenden Gestaltungswillen des Erblassers zurückführen lassen. Es empfiehlt sich daher, eine wirksame, also im Hinblick auf Testierfähigkeit und Höchstpersönlichkeit verantwortungsvolle Wahrnehmung erbrechtlicher Parteiautonomie zumindest an dieselben Voraussetzungen zu knüpfen wie die Ausübung erbrechtlicher Privatautonomie. Dies entspricht ausländischen Regelungsvorbildern[569] und dem europäischen Verordnungsentwurf.[570] Noch überzeugender ist es, die Anforderungen an die Wahrnehmung erbrechtlicher Parteiautonomie an höhere Voraussetzungen zu knüpfen als die Wahrnehmung der Privatautonomie. Daher sollte eine Rechtswahl jedenfalls einer *ausdrücklichen* Erklärung vorbehalten sein.[571] Für die Zulassung einer konkludenten Rechtswahl,[572] etwa durch Verwendung typischer Begriffe einer ausländischen Rechtsordnung, lässt sich – anders als im Schuldvertrags-

---

567 Gegen die Wählbarkeit früheren Aufenthaltsrechts etwa *Jud*, GPR 2005, 133 (138f.).

568 Siehe oben, B. III. 2. a.

569 Ausübung der Rechtswahl durch Verfügung von Todes wegen vorgesehen in Art. 5 Abs. 2 niederländ. ErbIPRG, Art. 26 § 6 Abs. 1 S. 2 finn. ErbG (PK), Art. 46 Abs. 2 ital. IPRG; Art. 79 Abs. 2 belg. IPRG.

570 Art. 17 Abs. 2 VO-Entwurf (Fn. 523).

571 Genauso Art. 17 Abs. 2 VO-Entwurf (Fn. 523); Art. 46 Abs. 2 S. 1 ital. IPRG. Weitergehend ist etwa von der Österreichischen Notariatskammer in ihrer Stellungnahme zu Frage 5 des Grünbuchs Erb- und Testamentsrecht vom 29. 9. 2005 vorgeschlagen worden, die Rechtswahl einer öffentlichen (beurkundeten) Erklärung vorzubehalten.

572 Etwa in Finnland (Art. 26 § 6 ErbG) und Belgien (Art. 79 Abs. 2 IPRG); genauso *Kühne* (Fn. 539), S. 112ff.; *Neuhaus/Kropholler*, RabelsZ 44 (1980), 326 (333); *Basedow/Diehl-Leistner* (Fn. 521), S. 13 (43); Art. 17 Abs. 2 MPI-Entwurf (Fn. 527) und die Stellungnahme der Bundesregierung zu Frage 5 des Grünbuchs.

recht[573] – kein praktisches Bedürfnis ausmachen. Umso schwerer wiegen die damit verbundenen Unsicherheiten: Eine nur konkludente Rechtswahl lässt weniger eindeutig auf einen dahingehenden Gestaltungswillen des Erblassers schließen.

3. Stärkung der Rechtspflege

Unabhängig von kollisionsrechtlichen Anpassungen empfiehlt es sich, die Rechtspflege strukturell und organisatorisch besser für die Bewältigung von Erbfällen mit Auslandsberührung zu rüsten.[574] Eine generelle Stärkung des Erbrechts einschließlich des Kollisionsrechts in der Juristenausbildung erscheint ohnehin wünschenswert,[575] wird aber nur begrenzte Effekte erzielen können. Vielversprechender erscheint es, Nachlassfälle mit Auslandsberührung organisatorisch bei einzelnen Gerichten zu bündeln und dort die Entstehung spezialisierter Wissens- und Erfahrungsbestände zu fördern. Auch könnte das im Jahr 2007 geschaffene Bundesamt für Justiz stärker in die Begleitung internationaler Nachlassfälle eingebunden werden.

---

[573] Es gilt als praktischer Vorzug der konkludenten Rechtswahl im Schuldvertragsrecht, das Prestige des Vertragspartners zu schonen, dessen Recht abgewählt wird; *Neuhaus* (Fn. 524), § 33 V.

[574] Vorgeschlagen bereits von *Ferid*, in: Ansay/Gessner (Hrsg.), Gastarbeiter in Gesellschaft und Recht (1974), S. 144 (151 ff.); Deutscher Rat für IPR, RabelsZ 46 (1982), 743 ff.; Max-Planck-Institut für ausländisches und internationales Privatrecht, RabelsZ 47 (1983), 595 (690); *Basedow/Diehl-Leistner* (Fn. 521), S. 13 (39).

[575] Die Justizprüfungsordnungen haben die Bedeutung des Erbrechts für die Erste Staatsprüfung zumeist auf Grundzüge und Bruchstücke reduziert, siehe nur Baden-Württemberg (§ 8 Abs. 2 Nr. 1 JAPrO), Hamburg (§ 1 Abs. 1 lit. e PrüfungsgegenständeVO), Nordrhein-Westfalen (§ 11 Abs. 2 Nr. 1 lit. f JAG NRW), Bayern (§ 18 Abs. 2 lit. c JAPO) und Sachsen (§ 14 Abs. 3 Nr. 1 lit. f SächsJAPO).

H. Zusammenfassung in Thesen

I. Veränderte Erwartungen und Leitbilder

1. Die Erwartungen an die Gestaltung der Erbrechtsordnung haben sich unter dem Einfluss des Verfassungsrechts (B. II.) und der aufmerksamer wahrgenommenen ideellen und personalen Erbbedeutungen (B. III.) verändert.
   a) Die Anforderungen an die Gleichgerechtigkeit und Folgerichtigkeit der erbrechtlichen Institutionen haben sich verdichtet. Gleichordnung der Kinder, güterrechtliche Teilhabegerechtigkeit und eine gegenüber den Kindern herausgehobene Teilhabe des Ehegatten sind konsequenter zu verwirklichen. Anpassungsbedarf besteht bei der Stellung des Ehegatten, bei der Abfindung weichender Erben im Rahmen von Sondernachfolgen und bei der Ausgleichung lebzeitiger Vorempfänge und unentgoltener Pflegeleistungen.
   b) An die Seite der formal-liberalen Grundanlage der Privatautonomie im BGB sind voraussetzungsreichere Forderungen nach materialer Autonomie getreten. Die Regeln der Testiervoraussetzungen, der Testierinhalte sowie des Ausschlagungsrechts müssen hinreichend bedachte und verantwortete Entscheidungen garantieren und wirkungsvoll vor unbedachter Selbstbindung und übermäßiger Fremdbeherrschung schützen. Gesetzliches Leitbild sollte der ungebundene Erblasser und der nicht beschränkte Erbe sein.

II. Universalsukzession, Vonselbsterwerb und Ausschlagung

2. Die erbrechtliche Zuordnung von landwirtschaftlichem, gewerblichem und Versorgungsvermögen ist im Interesse der Gleichgerechtigkeit der Erbordnung stärker aufeinander abzustimmen (C. I.).
3. Die spezialgesetzlich eröffneten Singularsukzessionen in landwirtschaftliche Betriebe unter privilegierter Miterbenabfindung sollten im Interesse der Gleichgerechtigkeit der Erbordnung aufgegeben werden (C. II.).
   a) Auch für die Nachfolge in landwirtschaftliche Betriebe ist die Gleichordnung der Kinder als Regelfall der gesetzlichen Erbfolge zu verwirklichen.

b) Die allenfalls in Extremfällen legitimierbare Durchsetzung agrarpolitischer Interessen an einer ungeteilten Hofzuweisung sollte bundeseinheitlich einem gerichtlichen Zuweisungsverfahren vorbehalten sein.

c) Die Abfindung weichender Erben und Pflichtteilsberechtigter ist stärker am Leitbild der Gleichordnung der Kinder auszurichten. Die Abfindung weichender Erben sollte eine vollständige Kompensation der vorenthaltenen Miterbenstellung leisten. Bei der Abfindung der Pflichtteilsberechtigten ist auf eine Gleichordnung mit der Pflichtteilslast von gewerblichen Nachfolgern zu achten.

4. Die Überlagerung des Erbrechts durch Sonderzuordnung von Personengesellschaftsanteilen kann hingenommen werden, solange die Erbrechtsordnung nicht materiell derogiert wird (C. III.).

   a) Gesellschaftsvertraglicher Mehrerwerb ist erbrechtlich ausgleichspflichtig. Leitbild sollte die Gleichwertigkeit der Erbanteile der Kinder sein.

   b) Im Interesse einer gleichmäßigen Pflichtteilslast sind die bestehenden Bewertungsprivilegien zugunsten landwirtschaftlicher Nachfolger entweder aufzugeben oder aber auf sämtliche Nachfolger von werbenden Vermögen zu erweitern.

5. Die Sondernachfolge in Versicherungsvermögen durch Vertrag zugunsten Dritter auf den Todesfall (§ 331 BGB) derogiert die Erbrechtsordnung durch die Einordnung als lebzeitiger Erwerb. Wenn mit der Lebensversicherung Zuwendungen aus Versorgungszwecken privilegiert werden, sollte Gleiches für andere Zuwendungsformen mit demselben Zweck gelten. Lebzeitige und letztwillige Zuwendungen sollten unabhängig von der Rechtsnatur des Zugewandten geordnet werden (C. IV.).

6. Das Ausschlagungsrecht ist das zentrale Gestaltungsrecht des Erben und dient der Wahrung seiner Autonomie. Die derzeitige Ausgestaltung des Ausschlagungsrechts wird der Bedeutsamkeit der Rechtsnachfolge nicht vollständig gerecht. Faktischer Annahmedruck sollte vermieden werden. Informierte und bedachte Erbenentscheidungen sind höher zu bewerten als vordergründige Gewinne an Praktikabilität und Rechtssicherheit. Der Erbe sollte daher die Möglichkeit einer Fristverlängerung erhalten (C. V.).

III. Gesetzliche Erbfolge

7. Das gesetzliche Erbrecht des Ehegatten ist weiter zu stärken (D. I.). Der Ehegatte ist regelmäßig stärker als die Kinder auf den erbrechtlichen Erwerb angewiesen.

a) Güterrecht und Erbrecht sind zu entflechten. Der pauschale Zugewinnausgleich kann güterrechtliche Teilhabegerechtigkeit nur unvollständig leisten und widerspricht der Loslösung des Eherechts von Rollenbildern. Es sollte ein realer Zugewinnausgleich zugunsten und zulasten des länger lebenden Ehegatten eröffnet werden.

b) Das gesetzliche Erbrecht des Ehegatten bzw. eingetragenen Lebenspartners sollte dann entfallen, wenn die Auflösung der Solidarverbindung greifbar ist. Es sollte nicht darauf ankommen, wer den Scheidungsantrag gestellt hat. Der Statusgedanke würde am vollständigsten verwirklicht, wenn die Erbberechtigung erst mit Wirkung des Gestaltungsurteils entfiele.

8. Das gesetzliche Erbrecht der Kinder ist im Interesse materieller Gleichgerechtigkeit weiter aufzugliedern (D. II.).

a) Mit der gestiegenen Lebenserwartung werden wirtschaftlich bedeutsame Vorempfänge zunehmen. Gesetzliches Leitbild sollte der gleichgerechte Erblasser sein, der eine gleichmäßige Vermögensbeteiligung seiner Kinder anstrebt. Daher sind erhebliche Vorempfänge prinzipiell als ausgleichspflichtig anzusehen. Die prinzipielle Ausgleichspflicht ist auf zwischenzeitliche Wertgewinne zu erstrecken. Eine nur aus Zeitgründen vorenthaltene Ausbildung sollte zur Ausgleichung berechtigen.

b) Leistungen des Kindes sollten nur dann kraft Gesetzes ausgleichungspflichtig sein, wenn der Abschluss lebzeitiger Entgeltvereinbarungen typischerweise nicht zugemutet werden kann. Dies erscheint bei Mitarbeit im Beruf oder Gewerbe des Erblassers heute zweifelhaft. Anderes gilt für Leistungen der Alterspflege. Aus Gründen der Gleichgerechtigkeit und Folgerichtigkeit sollte eine Abgeltung dann auch anderen nahe stehenden Personen eröffnet werden, die mit der Alterspflege erhebliche Solidarleistungen erbringen und aus persönlich-situativen Rücksichten auf den Erblasser auf eine Abgeltung verzichten.

IV. Testierformen

9. Im geltenden Erbrecht werden Testierförmlichkeiten eher ungünstig beurteilt. Dies wird der Bedeutsamkeit von Testierentscheidungen und der mit dem Alter zunehmenden Gefährdung der autonomen Fähigkeiten nicht mehr vollständig gerecht (E. I.).

a) Auch wenn die mit der Eigenhändigkeit verbundenen formalen Hürden schleichend höher geworden sind, sollten im Interesse hinreichend bedachter und verantworteter sowie klarer und abgestimmter Verfügungen wirksame Anreize für öffentliches Testieren geschaffen werden.

b) Weitere Formen des Privattestaments, insbesondere die elektronische Errichtung durch Scans, signierte Dateien und sonstige elektronische Schrift-, Ton- und Bildaufzeichnungen empfehlen sich nicht.

c) Nottestamente haben nur noch dort eine Restfunktion, wo auch die eigenhändige Errichtung gefährdet ist. Hierzu genügt die Beibehaltung eines reduzierten Zeugentestaments. Die Errichtungsvoraussetzungen sind für Laien verständlich und klar niederzulegen (E. II.).

10. Die eigenhändige, vielfach unberatene Errichtung eines gemeinschaftlichen Testaments kann auf Fehlvorstellungen über Bedeutung und Rechtsfolgen der Errichtung und auf einseitiger Interessendurchsetzung beruhen. Der Erblasser ist stärker vor unbedachter und ungewollter Bindung zu schützen. Wechselbezügliche Verfügungen sollten dem öffentlichen Testament oder jedenfalls einer ausdrücklichen Bezeichnung vorbehalten werden (E. III.).

11. Die vermutete Einheitslösung beim sog. Berliner Testament (§ 2269 BGB) dürfte dem Selbstverständnis vieler Ehegatten heute noch mehr entsprechen als zu Beginn des letzten Jahrhunderts. Wird an der eigenhändigen Errichtung bindender Verfügungen festgehalten, sollte ein gesetzliches Leitbild für die Rechtsfolgen der Wiederverheiratung und die Nachlassaufteilung zwischen Erst- und Zweitfamilie ausgeprägt werden (E. III.).

12. Die rechtspolitische Tendenz seit Inkrafttreten des BGB hat die Auswirkungen erbrechtlicher Bindung auf die lebzeitige Verfügungsbefugnis (§ 2287 BGB) kontinuierlich gestärkt. Die heute praktizierte Abwägungslösung verleitet zu Scheinargumentationen. Zusätzliche Schutzbedürfnisse bestehen bei eigenhändiger Errichtung. Hier empfehlen sich Zweifelsregeln zugunsten lebzeitiger Verfügungsfreiheit, etwa bei Begünstigung eines Ehegatten oder einer ähnlich nahe stehenden Person (E. III.).

V. Testierfreiheit und Testiermacht

13. Das BGB hat dem Erblasser Gestaltungsmöglichkeiten mit weitreichenden Beherrschungs- und Machtbefugnissen eingeräumt. Umgekehrt wurde dem Erblasser zugetraut, Machteinwirkungen

Dritter auf das Testieren standzuhalten. Die mit steigendem Lebensalter verbundene Gefährdung der autonomen Fähigkeiten und die heute aufmerksamer wahrgenommene ideelle Bedeutsamkeit des Erbgeschehens zeigen erhöhte Schutzbedürfnisse von Erblasser und Erben auf.

14. Fremdbestimmungen des Erblassers sollten genauer identifiziert und wirkungsvoller sanktioniert werden (F. I.).
    a) Angesichts der Vielgestaltigkeit der Schutzbedürfnisse und Gefährdungen empfehlen sich Testierverbote oder Altersgrenzen nicht.
    b) Weniger eingreifend und dennoch wirkungsvoll könnte es sein, besonders gefährdeten Personengruppen, etwa den betreuten Erblassern, das öffentliche Testament vorzubehalten oder durch Vermutungsregeln entsprechende Anreize zu schaffen.
    c) Verbleibende Schutzbedürfnisse sind im Rahmen richterlicher Missbrauchskontrolle (§ 138 BGB) zu bewältigen.

15. Das BGB ermöglicht dem Erblasser durch Anordnung von Bedingungen, Nacherbschaft und Testamentsvollstreckung im Vergleich zu anderen Rechtsordnungen weitreichende und lang dauernde Einwirkungen auf die Bedachten. Es empfiehlt sich, die Erben stärker vor solchen Beschränkungen zu schützen, die sich nicht sicher auf einen dahin gehenden Willen des Erblassers zurückführen lassen (F. II.).
    a) Beschränkungen sollten nur bei hinreichend deutlichem und bedachtem Erblasserwillen angenommen werden. Gesetzliches Leitbild sollte die unbeschränkte Erbeinsetzung sein.
    b) Innerhalb der Beschränkungen sollte gesetzliches Leitbild die umfassend befreite Vorerbschaft und die auf die Nachlassabwicklung beschränkte Testamentsvollstreckung sein. Weitergehende Beschränkungen und insbesondere die Verwaltungsvollstreckung sind nur bei hinreichend deutlichem Erblasserwillen anzunehmen.
    c) Unbedachte Beschränkungen liegen auch dann vor, wenn sie Personen treffen und Wirkungen haben, die der Erblasser aus zeitlichen Gründen nicht bedacht haben kann. Genauso wie die Nacherbschaft sollte auch die Verwaltungsvollstreckung längstens Erben treffen, die zum Erbfall bereits gelebt haben.

VI. Internationales Erbrecht

16. Mit zunehmender Internationalisierung der Wohnbevölkerung bedeutet die objektive Anknüpfung an die Staatsangehörigkeit

(Art. 25 Abs. 1 EGBGB) einen steigenden Aufwand an Fremdrechtsanwendung. Dies spricht langfristig für den Übergang zum Aufenthaltsprinzip (G. II.).

a) Sowohl das Staatsangehörigkeits- als auch das Aufenthaltsprinzip verkörpern Pauschalierungen. Gerade mit Blick auf die personalen und ideellen Erbbedeutungen wird die engste Verbindung entscheidend von der individuellen Integrationsneigung abhängen. Es sollten daher differenzierende Lösungen erwogen werden (Ausweich- und Drittstaatenklauseln, Mindestaufenthalt).

b) Den verbleibenden Unsicherheiten über die sachrichtigste Anknüpfung kann durch Stärkung der Parteiautonomie begegnet werden. Dem Erblasser sollte die Wahl des Heimatrechts im Zeitpunkt des Erbfalls sowie die Wahl eines früheren Heimatrechts eröffnet werden.

c) Die Ausübung einer Rechtswahl stellt die folgenschwerste und bedeutungsvollste erbrechtliche Gestaltung dar. Sie sollte zumindest durch ausdrückliche letztwillige Verfügung erfolgen. Vorzugswürdig erscheint, eine Rechtswahl öffentlicher Testierung vorzubehalten.

17. Juristenausbildung und Rechtspflege sind inhaltlich und organisatorisch besser auf die Herausforderungen steigender Internationalisierung des Erbgeschehens vorzubereiten (G. II.).